Empfehlungen zu:

DIE ÜBERNATÜRLICHE
KRAFT DER *Vergebung*

Es ist eine Sache, eine bewegende Geschichte über Untreue, Vergebung und Wiederherstellung nur zu lesen, aber eine ziemlich andere, wenn sich das Ganze vor den eigenen Augen abspielt. In dieser Rolle befand ich mich bei den Vallottons von dem Tag an, an dem ihre Welt zusammenbrach. Diese großartige Familie bekam genau das, was sie nicht verdient hatte. Der unglaubliche Schmerz war lähmend. Und doch haben sie immer und immer wieder wichtige Schritte getan und Gottes Güte auf neue Art entdeckt. „Die übernatürliche Kraft der Vergebung" gibt uns genau das, was wir brauchen: Ehrlichkeit, Inspiration und Erkenntnis, die uns dazu befähigen, den Prozess zur Gesundheit und Wiederherstellung zu verstehen. Sowohl Jason als auch Kris haben eine ungewöhnliche Gabe, durch Geschriebenes zu kommunizieren. Dieses Buch sollte unbedingt im Bücherregal jedes Gläubigen stehen.

Bill Johnson
Hauptpastor Bethel Church
Redding, Kalifornien

In ihrem Buch „Die übernatürliche Kraft der Vergebung" legen Jason Vallotton und sein Vater Kris Vallotton zusammen das Fundament für unglaubliche Freiheit und Freude. Dieses Buch ist unverschämt ehrlich und fordert Sie heraus, Ihr eigenes Herz mit derselben Ehrlichkeit zu betrachten. Wir sind vollkommen davon überzeugt, dass dieses Buch Gefangene freisetzen und zerbrochene Herzen heilen wird. Es lehrt Sie nicht nur, wie man vergibt, sondern auch, wie Sie dann weitergehen und in ihre gottgegebene Berufung finden können. Die übernatürliche Kraft der Vergebung wird jedes Herz, das es annimmt, in eine tiefere Vertrautheit mit dem Vater führen.

Kim Walker-Smith und Skyler Smith
Jesus Culture

In „Die übernatürliche Kraft der Vergebung" stellt Jason auf verwundbare Art und Weise seine Geschichte von verheerendem Treuebruch dar und wie er um wahre Vergebung gerungen hat. Dieses Buch enthält das Potenzial, dass der große Tröster kommt und Sie von dem quälenden Schmerz befreit, den Sie in Ihrem Herzen vergraben haben. Er kann Sie an einen Ort der Freude und Bestimmung führen, an dem Sie die Ernte in einem Bereich einfahren, den der Feind eigentlich vorhatte zu zerstören. Ich möchte diesen Mann Gottes für seine Transparenz dem Leib Christi gegenüber ehren; sie wird dazu dienen, die Leser an einen Ort wahrer Freiheit zu führen.

Ché Ahn
Hauptpastor HROCK Church, Pasadena, Kalifornien
Präsident Harvest International Ministry
Internationaler Rektor Wagner Leadership Institute

Durch eine bewegende Geschichte über einen persönlich erlebten Verrat in einer Ehe zeigen Kris und Jason Vallotton, wie Gott uns dazu befähigen kann, über die Verletzungen und den Wunsch nach Rache hinwegzukommen um wirkliche emotionale Freiheit und Versöhnung mit denen zu erlangen, die uns Unrecht getan haben.

David Aikman
Bestseller-Autor von „Jesus in Beijing"
ehemaliger Journalist für TIME Magazine

„Die übernatürliche Kraft der Vergebung" ist viel mehr als ein Bündel von Prinzipien, ein erfrischendes Bibelstudium oder auch ein kraftvolles Zeugnis. Dieses Buch ist ein Teil des Herzens der Familie Vallotton. Kris und Jason bringen einige der schmerzhaftesten Erfahrungen ihres Lebens in einem schönen Zusammenhang und Stil zu Papier. Der einzigartige Ansatz dieses Buches über Vergebung ist das Muster, nachdem sie in den Ereignissen, die sich abgespielt haben, gelebt haben. Ich ermutige jeden, der eine übernatürliche Antwort auf Verrat, Beleidigung und zerbrochene Beziehungen sucht, dieses Buch zu lesen und dabei für immer verändert zu werden.

Danny Silk
Autor der Bücher „Kultur der Ehre" und „Erziehung mit
Liebe & Vision"

Wir sind in diesem Leben alle auf einer Reise, und wir haben alle eine Geschichte zu erzählen. Unsere Geschichten beinhalten alles, ob es nun gut, schlecht oder hässlich ist. Wenn wir uns miteinander verbinden, lernen wir, uns in andere hineinzuversetzen. Die Zeugnisse, die wir hören, geben uns die Kraft, das gleiche zu tun und die gleichen Ergebnisse zu erzielen. Ich kenne Jasons Geschichte. Ich habe eine ähnliche Reise hinter mir. Ich bewundere jeden, der Schmerz in einen radikalen Prozess umwandeln kann um Jesus ähnlicher zu werden.

In den Tälern wird unser Leben wirklich am Wohlgefallen Gottes ausgerichtet. Auf dem Berg haben wir unübertreffliche Begegnungen mit Majestät und Schönheit, und dann müssen wir zurückkehren zum Ort der Verwüstung und beginnen das zu pflanzen, was Gott in uns gesät hat. Dort begegnen wir der unvergleichlichen Freude des Trösters, der mit Seiner barmherzigen Berührung in unsere Verwüstung kommt und uns von innen heraus erneuert.

Vergebung, die sich mit Gnade verbunden hat, schafft einen Lebensstil der Liebe, der mächtig, befreiend und effektiv ist. Alle, die dieses Buch lesen, werden verändert, weil sie in die Geschichte mit hineingenommen werden, wie Jesus mit Schönheit in ein Gebiet voller Schmerz hineinkommt.

Graham Cooke
Autor, Redner und Herausgeber

Egal, wie viel Sie schon vergeben mussten, diese Geschichte wird Sie dazu herausfordern, noch mehr zu vergeben. Dies ist eine erstaunliche Nacherzählung Gottes bevollmächtigender Vergebung. Wenn Sie die meisten Bücher über Vergebung theoretisch und gesetzlich finden (so wie ich), dann wird Sie dieses Buch dazu bewegen, aktiv in der Vergebung Gottes zu leben. Nur der Heilige Geist kann eine solche Geschichte zustande bringen.

Steve Sjogren
Gemeindegründer und Pastor
Autor von „Faszination der Freundlichkeit"

DIE

ÜBERNATÜRLICHE

KRAFT

DER

Vergebung

KRIS & JASON
VALLOTTON

Widmung

Ich (Jason) widme dieses Buch meinen liebevollen Kindern. Die Tatsachen, denen Ihr alle ausgesetzt worden seid, haben meinem Herzen größten Kummer bereitet. Und obwohl ich alles gegeben habe, um Euch vor der Dunkelheit dieser Welt zu beschützen, weiß ich irgendwie, dass Ihr von diesen stürmischen Orten aus weitergehen werdet, viel weiter, als ich Euch jemals hätte bringen können.

John Adams sagte: „Menschen und Nationen werden im Feuer der Not geschmiedet." Und in meinem Leben gibt es keine Worte, die mehr der Wahrheit entsprächen. Ihr Kinder seid die Juwelen meines Herzens, und meistens wart Ihr der Grund, warum ich in den härtesten Zeiten auf dem richtigen Kurs geblieben bin. Ich bete, dass mein Lebenswerk und meine Überzeugungen Euch eines Tages Eure größten Träume ermöglichen. Es gibt keine Kinder, auf die ich als Vater stolzer sein könnte. Ihr habt alle dem Sturm die Stirn geboten und seid zu wunderbaren Verkörperungen von Gottes Meisterwerk geworden.

Ich liebe Euch mit meinem ganzen Sein,

Dad

Deutsche Ausgabe:
© 2012 Grain-Press, Verlag des Fördervereins Grain-House e.V.
Marienburger Str. 3
71665 Vaihingen/Enz
eMail: verlag@grain-press.de
Internet: www.grain-press.de

Übersetzung aus dem Englischen:
Übersetzung   Verena Borrmann
Satz: Grain-Press
Cover: Grain-Press, Adaption der Originalvorlage.
Druck: Schönbach Druck, Erzhausen.

Bibelzitate sind, falls nicht anders angegeben, der Elberfelder Bibel, Revidierte Fassung von 1985 entnommen.

Das Buch folgt den Regeln der Deutschen Rechtschreibreform. Die Bibelzitate wurden diesen Rechtschreibregeln angepasst.

ISBN 978-3-940538-20-8
(Amerikanische Originalausgabe: ISBN 978-0-8307-5737-4)

Inhaltsverzeichnis

Vorwort

Dieses Buch ist ein gewaltiger Schlüssel dazu, die Herzen derer aufzuschließen, die in den Traumata und Erfahrungen der Vergangenheit gefangen sind. Jasons Zeugnis wird denen, die verletzt und betrogen wurden, dabei helfen, Mut und Kraft zu finden, sich ihrem eigenen Schmerz zu stellen. Seine Reise der Liebe und Vergebung bezeugt, dass es keine Situation gibt, die außerhalb der unendlichen Reichweite von Gottes Liebe und Erlösung liegt. Gott verspricht uns, dass Er die Asche unseres Lebens gegen Seine Schönheit eintauscht, wenn wir sie Ihm geben – egal, wie groß unser Aschehaufen scheinen mag.

Jason und Kris haben tiefe Erkenntnisse des Herzens Gottes mitgeteilt, die ganz entscheidend für den Weg vom Schmerz zur Schönheit Seiner Wiederherstellung sind. Sie haben es unglaublich gut hinbekommen, auf eine sehr transparente und bewegende Art über ein schwieriges Thema zu schreiben. Ihre Offenheit und Verletzbarkeit werden den Weg dafür ebnen, dass viele aus ihrem Gefängnis der Unvergebenheit an einen Ort der Heilung und Freiheit gelangen.

Während der letzten 16 Jahre, in denen ich als Missionarin in einem der ärmsten Länder der Welt gearbeitet habe, habe ich einige der schlimmsten Leiden gesehen, die man sich nur vorstellen kann. Ich durfte mich aber auch daran freuen, zu sehen, wie Gott auf wunderbarste Weise Wiederherstellung geschenkt hat! Der Dreh- und Angelpunkt dabei ist eine der wichtigsten Entscheidungen, die wir treffen können: die Entscheidung zu vergeben. Vergebung bewirkt den Unterschied zwischen fortwährender Quälerei und Leiden, und Freiheit und Erlösung, die unsere kühnsten Träume übertreffen.

Ich habe oft miterlebt, wie diejenigen, die unvorstellbare Grausamkeiten erlebt haben, in eine radikale Veränderung hineinkamen, die alles übertraf, was sie sich jemals erhofft hätten. Das geschah dadurch, dass sie sich mutig dazu entschlossen haben zu vergeben. Eine dieser Personen ist Luis. Er ist einer meiner größten Helden. Er hat mich die Kraft der Vergebung und Barmherzigkeit gelehrt.

Ich habe Luis auf der Straße gefunden. Er war krank und voller Zorn, weil er in seinem Haus (einem Pappkarton) von Leuten verbrannt wurde, die früher einmal seine Freunde gewesen waren. Sie hatten Benzin über das Haus geschüttet, ihn am Karton festgebunden, ihn dann in Brand gesteckt und sterbend zurückgelassen. Er hatte furchtbare Verbrennungen und hatte viele Monate in einem zerfallenen, örtlichen Krankenhaus verbracht. Er war unglücklich und verbittert darüber, so furchtbar behandelt worden zu sein. Sein Elend hatte ihn an einen Punkt der Zerrissenheit gebracht, und es blieb ihm nichts mehr, worauf er hätte stolz sein können. Er hat oft eingenässt und lebte im Dreck.

Als ich Luis traf, hielt ich ihn in meinem Arm und erzählte ihm über Jesu leidenschaftliche Liebe. Ich habe ihn nach Hause eingeladen, um bei uns zu wohnen. Damals war Luis nicht sehr gnädig und vergebend; er verdiente sich seinen Lebensunterhalt, indem er Leute verprügelte, bestahl und erstach! Aber ich habe Luis immer wieder über diesen Mann namens Jesus erzählt, der Sein Zuhause und Seine Reichtümer hinter sich gelassen hatte und durch die Straßen ging – der Eine, der den Himmel verließ und auf die Erde kam um ihn zu finden. Irgendwann einmal sagte Luis: „Ich muss diesen Mann kennenlernen!"

Eines Tages kam Luis zu mir und sagte, er wolle mit mir auf

die Straße gehen um den Typen, die versucht hatten ihn zu töten, zu sagen, dass er ihnen vergab. Ich habe dabei zugesehen, wie Luis seine verschwenderische Gnade über vielen in den Straßen Maputos ausschüttete, und ich sah, wie Gottes Gunst in seinem kleinen, zerbrochenen Leben zunahm.

Eine unserer damaligen Gemeinden war eine unkonventionelle Versammlung. Wir trafen uns in einem Bordell um die Prostituierten zu erreichen. Wir priesen Jesus, beteten und liebten einfach die dort ansässigen prostituierten Mädchen. Wir sahen jedoch nicht oft, dass die Mädchen dazu durchbrachen, diesem Teufelskreis des destruktiven Lebensstils zu entkommen. Manche dieser Mädchen waren erst 10, 11 oder 12 Jahre alt, und sie verkauften ihre Körper auf der Straße für eine Flasche Cola. Ich wartete verzweifelt darauf, dass Jesus sie freisetzte.

Während einer 40-tägigen Fastenzeit (ich fühlte mich sehr hungrig und hoffnungslos) schrie ich zu Gott, er möge die Situation verändern. Kurz danach fielen die Mädchen im Lobpreis auf die Knie und begannen zu schreien: „Wir können uns nicht mehr verkaufen!" Ich begann vor Freude zu weinen und fragte Jesus, was ich als nächstes tun sollte. Ich wusste, dass ich diese Mädchen nicht in ein Zentrum bringen konnte, in dem auch die Jungs waren, und dass ich eine Gemeinde finden musste, deren Pastor nicht der Versuchung nachgeben würde. Ich brauchte einen Pastor, dessen Herzschlag dem von Jesus in Heiligkeit und Reinheit gleich kam, und der nicht verurteilend war.

Nachdem ich zu Gott geschrien hatte, blickte ich auf und sah, wie Luis betete und Gott von ganzem Herzen im Dreck lobte. Er hatte die Pastoren-Bibelschule nicht zu Ende gebracht, weil er weder lesen noch schreiben konnte, aber er war ein Mann voller Barmherzigkeit und Mitgefühl. Luis betete mit erhobenen Händen an; er verehrte den Herrn. Ich hielt Luis fest und fragte ihn, ob er sich gern als Pastor um diese Mädchen kümmern würde. Er brach schluchzend zusammen und fragte sich, ob Gott ihm wirklich das Vorrecht und die Ehre einer solch schönen Aufgabe zuteil werden ließ. Er kniete nieder, sah zu mir auf und fragte: „Kann Gott eine so große Liebe haben, dass er einen Mann wie mich benutzt?" Er besaß große Demut und große Liebe! Er zog an einen kleinen neuen Standort und begann die Mädchen zu betreuen. Luis ist jetzt im Himmel. Er starb an AIDS, das er sich in seiner Jugendzeit auf der Straße eingefangen hatte. Luis' Leben war voller Liebe, Gnade und radikaler Vergebung, die er als Lobpreis für seinen König ausgoss. Heute ist er voller Freude im Himmel bei seinem Bräutigam. „Gott segnet die Barmherzigen, denn sie werden Barmherzigkeit erfahren." (Matthäus 5,7)

Jason und Kris haben sich wie Luis dazu entschlossen, die Asche ihres tiefen Schmerzes loszulassen und ein kostspieliges „Ja" zu Gottes großartigem Tausch zu sagen. Sie haben sich für den Weg der äußersten Gerechtigkeit entschieden, wo Vergebung und Freisetzung der Standard der Gerechtigkeit sind, nicht Bitterkeit und Rache. Ich bin so stolz auf die Vallottons und wie sie in Liebe durch eine außerordentlich schwierige Situation gegangen sind. Ich habe ihr Leben beobachtet und habe mit eigenen Augen gesehen, wie sie sich dazu entschieden haben zu vergeben und außergewöhnliches Mitgefühl zu zeigen.

Das ist äußerste Gerechtigkeit: Selbst in Zeiten tiefsten Schmerzes bekommen wir das Privileg, uns mit Gott in Seiner grenzenlosen Liebe zu verbünden und zu erleben, wie die Höhe, Tiefe und Breite Seiner herrlichen Vergebung durch uns hindurch zu anderen fließt. Das ist die höchste Berufung, die man sich vorstellen kann, und der größte Dienst, den man empfangen kann; und es gilt für uns alle. Es ist die Berufung und das Mandat, so tief und gut zu lieben, dass die Welt dadurch auf den Kopf gestellt wird!

Heidi Baker, Ph.D.
Gründerin von Iris Ministries
www.irismin.org

Einleitung

Ich hätte mir nie träumen lassen, dass eines meiner Kinder einmal mit den Neuigkeiten zu mir kommen würde, die mein Sohn Jason mir an dem Tag auftischte, als er mich vor drei Jahren in meinem Büro besuchte. Und ich hätte niemals geglaubt, dass das, was er mir zu sagen hatte, einen der schlimmsten Albträume in unserer Familiengeschichte auslösen würde. Nichtsdestotrotz saß ich fassungslos da und versuchte, seine Worte in mir aufzunehmen. „Dad", sagte er, „Heather will die Scheidung. Ich glaube, sie hat einen Anderen!"

Während der nächsten 18 Monate sah ich zu, wie sich mein Sohn unter dem intensiven Schmerz von Abweisung, Verlassenheit und Trauer drehte und wand. Einen harten Tag nach dem anderen stand ich meiner Familie zur Seite, weil wir meist ziemlich im Dunkeln herumtappten und versuchten, das Unfassbare zu verstehen. Jason kämpfte sich auf seinem Weg voran, obwohl es keinen offenkundigen Hinweis auf Hilfe gab. Meine Frau Kathy und ich haben unser Bestes gegeben, die unvermeidbaren Fragen von Jasons und Heathers kleinen Kindern, unseren Enkelkindern, zu beantworten. Kathy und ich versuchten unsere Familie zu trösten, doch wir wurden auch verletzt – es fühlte sich an, wie wenn sich eine Harpune ganz tief in unsere Seelen hinein gebohrt hätte. Ich hatte meinen Vater verloren, als ich drei Jahre alt war, und ich hatte zwei Stiefväter, die mich missbrauchten, doch ich hatte noch nie einen derartigen Schmerz gespürt.

Wir vergossen so viele Tränen zusammen, dass es für ein ganzes Leben gereicht hätte.

Schliesslich begann sich etwas Tiefgreifendes zu entwickeln. Es begann mit Jason, der am meisten verletzt war. Während er durch den Heilungsprozess stolperte, kam er zu unglaublichen Erkenntnissen. Er sagte Dinge wie: „Dad, Gott zeigte mir, dass wir nur getröstet werden können, wenn wir trauern." Jason hat sich entschieden, seinen Schmerz anzunehmen, statt vor ihm davonzulaufen. Anfangs bezweifelte ich, dass er wahrhaftig heil geworden war. Ich dachte, er lebte in einer Art Verleugnungszustand, der ihm über seine unglaubliche Trauer hinweghalf. Mit der Zeit begann ich jedoch zu verstehen, dass er den ungewöhnlichsten Weg hin zur Heilung eingeschlagen hatte, den ich jemals gesehen hatte. Seine Offenbarung war nicht nur außergewöhnlich, sie funktionierte auch noch! Jason und meinen Enkelkindern ging es immer besser, und Freude erfüllte wieder ihr Leben.

Es ist schwer genug, einen Schmerz zu verarbeiten, der sich auf einen einmaligen Übergriff bezieht, wie eine Vergewaltigung oder den Verlust eines geliebten Menschen. Doch wenn sich der Missbrauch über Jahre erstreckt, wird der tatsächliche Zustand des emotionalen und geistlichen Wohlbefindens geprüft. Als Heather ging, begann Jason damit, seine Gedanken durch das Schreiben von Tagebucheinträgen und Liedern zu verarbeiten. Immer wieder mal sang er eines seiner Lieder für mich oder las mir etwas vor, das er geschrieben hatte. Sein Tagebuch war voll von erstaunlicher Weisheit und tiefen Einsichten in seinen Heilungsprozess. Er begann, seine neuen Werkzeuge dazu zu benutzen, Leuten in unserer Schule und Gemeindefamilie zu dienen. Innerhalb kurzer Zeit half er hunderten von Menschen, ihre eigenen Gefängnistüren des Schmerzes aufzuschließen. Wann immer er von seiner Reise vom Podium aus erzählte, standen die Leute danach Schlange, um ihm ihre eigenen Geschichten zu erzählen und seine Weisheit anzuhören. Nun teilt Jason seine Erkenntnisse und Weisheit in diesem Buch.

Es war kein Familienpsychologe, der „Die übernatürliche Kraft der Vergebung" geschrieben hat. Es wurde vielmehr von zwei Personen zu Papier gebracht – von einem Sohn, dessen Herz in eine Million winzige Teilchen zerbrochen war, als die Frau seiner Träume, plötzlich von einem anderen Mann schwanger vor ihm stand, und von seinem Vater, der beide liebte. Jason hat die Erkenntnisse gewonnen, er hat sie durchlebt, deshalb schreibt er auch einen Großteil des Buches. Ich habe zwei eigene Kapitel hinzugefügt und in manchen anderen meine Einsichten und Betrachtungen mit eingebracht.

Unser Gebet und aufrichtiger Wunsch ist es, dass die Worte dieses Buches Ihr Weg zur Ganzheit und Freude werden. Möge Gott selbst Ihnen während des Lesens begegnen und Sie in Ihr Traumschloss führen.

Kris Vallotton
Vater einer wiederhergestellten Familie

Die *Geschichte* von *Tausenden*

Schon seit ich (Jason) ein kleines Kind war, hatte ich eine Leidenschaft dafür, den Zerbrochenen Wiederherstellung zu bringen. Ich kann mich noch daran erinnern, als ich zum ersten Mal die Geschichte von König Davids mächtigen Männern gehört habe (nachzulesen in 2. Samuel 23,8-39). Ich saß mit weit aufgerissenen Augen am Küchentisch, während mein Vater mir von ihren unglaublichen Eroberungen erzählte. Mein Herz pochte – nicht bei dem Gedanken daran, nur mit meinem Waffenträger tausend Mann zu erlegen (wobei das irgendwo doch der Traum eines Jungen ist), sondern aufgrund der Tatsache, dass diese Männer, die als „mächtig" bekannt waren, einst der Abschaum der Gesellschaft gewesen waren. Sie waren die „Nobodys", die Eindringlinge, die in ihrer Stadt nicht willkommen waren.

An diesem Tag wurde ich überwältigt vom Mitleid für die Verlorenen. Die Geschichte einiger zerbrochener und wiederhergestellter Männer hatte mein Herz ergriffen, und ich fasste einen stillen Beschluss, mein Leben der Wiederherstellung derer zu widmen, die zerbrochenen Herzens sind, selbst wenn sie diejenigen waren, die am meisten Verantwortung für die Zerrissenheit um sie herum trugen.

Während der letzten fünf Jahre als Pastor habe ich unzählige Geschichten von allen möglichen Typen von Menschen gehört. Die meisten Geschichten, würde man nicht mal seinem schlimmsten Feinde wünschen. Doch jede Geschichte (meine eingeschlossen) enthält einen goldenen Faden der Erlösung, der in den Stoff ihres Lebens eingewoben wurde. In der Schule wird uns beigebracht, die Leiter des intellektuellen Erfolges hochzuklettern. Wir werden sorgfältig darauf vorbereitet, uns in Richtung Aufstieg zu positionieren und die Denkweise anzunehmen, dass das Glück einer Person in ihrer Fähigkeit liegt, finanziellen Erfolg und Stabilität zu schaffen. Ich habe jedoch herausgefunden, dass wir trotz dem, dass wir unzählige Stunden damit verbringen, zu studieren und unsere Köpfe mit Wunschträumen des Erfolgs zu füllen, uns am Ende doch fragen, wie das wirkliche Leben funktioniert.

Gott hat sich mein Leben nie als etwas furchtbar Kompliziertes gedacht, und man sollte auch kein Buch benötigen um es verstehen zu können. Ich glaube, dass wir vorrangig geistliche Wesen sind, die einen Körper haben. Über unserem Fleisch und unseren Knochen steht Gottes eigene DNA. Sein Wort drückt es am besten aus: „So schuf Gott die Menschen nach Seinem Bild, nach dem Bild Gottes schuf Er sie, als Mann und Frau schuf Er sie." (1. Mose 1,27)

WIR SIND ZUR INTIMEN GEMEINSCHAFT MIT
GOTT UND MITEINANDER GESCHAFFEN. ABER
IRGENDWIE IST UNS ABHANDEN GEKOMMEN,
WAS ES HEISST, IN VERTRAUTHEIT ZU LEBEN.

Wir sind zur intimen Gemeinschaft mit Gott und miteinander geschaffen. Aber irgendwie ist uns abhanden gekommen, was es heißt, in Vertrautheit zu leben. Der durchschnittliche Mensch hat keine Ahnung, wohin er gehen oder was er tun soll, wenn die Liebe erkaltet ist.

Ein typisches Beispiel kommt aus meinem eigenen Tagebuch.

Sie werden es besser verstehen, wenn Sie die ganze Geschichte gelesen haben. Doch hören Sie vorerst einfach genau zu:

14.12.2009, 1.17 Uhr

Hier liege ich *also, getröstet von der Vertrautheit meines eigenen Bettes, das alles über mich weiß. Ich habe Josh Garrels' Musik auf Wiederholung laufen, mit der Hoffnung, dass seine Texte mir in der Unsicherheit, die ich gerade spüre, irgendwie Stabilität verleihen. Bald werden meine Gedanken sich zu einer gemächlichen Stille beruhigt haben, und bald darauf werde ich wieder einmal den monotonen Pfad in meinem Gehirn abgelaufen sein ... Wie lange muss ich auf dich warten? Wann werde ich dich finden? Wenn ich jedes Mal einen Dollar bekommen hätte, wenn ich diese zwei Fragen gestellt habe, könnte ich jetzt wahrscheinlich schon meine eigene Stiftung zum Trost der Zerbrochenen ins Leben rufen. Das Problem, an genau diesem Punkt zu stehen, liegt darin, dass keine theoretische Antwort das Verlangen stillen kann, das diese Fragen hervorrufen. Das einzige, was ausreichend sein wird, ist, wieder neue Liebe zu erfahren, wann auch immer das passieren mag.*

Heute sitze ich fast genau am selben Ort wie an dem Tag, an dem ich diesen Tagebucheintrag geschrieben habe. Ich spüre das Gewicht der letzten beiden Jahre in meinem Hinterkopf; es erinnert mich daran, wo ich mich befand. Josh Garrels steht wieder auf Wiederholung und singt mir alle Erinnerungen der vergangenen Jahre ins Gedächtnis, die in diesem Lied rübergebracht werden. Ich kann mich zwar noch an die endlosen Tage des Schmerzes und mein gebrochenes Herz erinnern, doch der Hauptunterschied zwischen damals und heute ist, dass ich nicht mehr an diesem Ort des Schmerzes gefangen bin. Genau aus diesem Grund schreibe ich heute.

Meine Geschichte ist die Geschichte Tausender. Der Traum von weiß gestrichenen Gartenzäunen und sauberen Gehwegen, die meine Festung sein sollten, die mich vor allem Bösen dieser verrückt gewordenen Welt beschützt. Ich bin den schmalen Grat der Sicherheit entlanggegangen und habe versucht, jede Entscheidung gut abzuwägen, wohl wissend, dass sie über meine Zukunft bestimmen konnte. Und doch ist Verzweiflung irgendwie an meine Türe gelangt, auch wenn ich noch so gut aufgepasst habe.

Da ich am eigenen Leib verheerenden Kummer durchgemacht habe, ist es mein größtes Anliegen, denen zu helfen, die durch den Schmerz eines zerbrochenen Lebens hindurchgehen. Dadurch, dass ich die Einzelheiten meiner eigenen Geschichte und meines Wegs zur Heilung erzähle, hoffe ich, andere wieder zu der Unschuld zurückzuführen, in der Gott sie geschaffen hat, und sie zu ermutigen, starke Leute zu sein. In jeder Situation; egal, was sie getan haben und egal, was ihnen angetan wurde.

Also, egal, was Sie getan haben, und egal, was Sie durchgemacht haben, wie hoch Sie geklettert oder wie tief Sie gefallen sind: Es gibt einen Weg zurück zur Ganzheit, und heute kann Ihr erster Schritt auf dieses Ende zu sein.

Kapitel 1

Hals ÜBER *Kopf*

Meine Geschichte beginnt sehr einfach. Ich (Jason) wuchs in der kleinen Bergstadt Weaverville in Kalifornien auf. (Wenn man aus einem Ort namens „Weaverville" kommt, hat man im Leben eine ganze Menge nachzuholen.) Doch egal, wie gerne ich mich auch ein bisschen über dieses Hinterwäldler-Städtchen lustig mache, so hat mein Herz in dieser Stadt gelernt zu lieben. Und dort wurde auch meine Einzigartigkeit geprägt, auf meiner Reise durch meine Jugendzeit bis hin zum Erwachsenenalter. Historisch gesehen war Weaverville der Goldtopf am Ende des Regenbogens; ein Ort, an dem Männer ihr Schicksal herausforderten und ihren Träumen nachjagten. Die Geburtsstunde unserer Stadt war zur Zeit des Goldrausches. Die Leute kamen von überall her um alles aufs Spiel zu setzen, in der Hoffnung, plötzlich reich zu werden. Die meisten Männer kamen ohne irgendetwas, und die meisten gingen auch ohne irgendetwas, außer der unschätzbaren Erfahrung, die das Leben ihnen eingehämmert hat. Eine Geschichte, die meiner eigenen ziemlich gleicht.

Wie „Unsere kleine Farm"

Meine Familie ist so, wie es sich jedes Kind wünschen würde. Mit drei anderen Geschwistern (zwei ältere Schwestern und ein älterer Bruder) und zwei unglaublich liebevollen Eltern blieb nicht viel zu wünschen übrig. Ich habe unsere Fami-

25

lie immer mit der von „Unsere kleine Farm" verglichen. In all den Jahren, in denen ich aufgewachsen bin, kann ich mich nur an einmal erinnern, wo meine Eltern eine hitzige Diskussion geführt haben. Und selbst wenn es einmal Unstimmigkeiten gab, wussten wir alle, dass mein Vater sich dafür entschuldigen würde, dass er falsch gelegen hatte, und alles war wieder vorbei.

EIN DRAMA GAB ES BEI UNS ZU HAUSE ZUM BEISPIEL, ALS EIN BÄR VERSUCHTE, DURCH UNSER FENSTER ZU KOMMEN, NACHDEM MEINE MUTTER GEBETET HATTE, DASS ER NÄHER HERAN KOMMEN SOLL.

Ein Drama gab es bei uns zu Hause zum Beispiel, als ein Bär versuchte, durch unser Fenster zu kommen, nachdem meine Mutter gebetet hatte, dass er näher heran kommen soll. Und wer tut schon so etwas? Oder als unser Nachbar die Fassung verloren hat, weil mein Hund mit seinen verdreckten Pfoten über seinen frisch geputzten Zement gelaufen war. Mal ganz ehrlich: Mein Nachbar benötigte so dringend eine Aggressionsbewältigungstherapie, wie die Welt Jesus braucht. Irgendwie hatte er vergessen, dass wir in der „Rote-Erde-Stadt, Kalifornien" lebten, wo es unmöglich ist, Beton sauber zu halten, auch wenn man noch so wütend wurde.

Ich möchte jetzt kein falsches Bild vermitteln, dass es bei uns keine schwierigen Zeiten gab; ich habe das meiste davon nur nicht mitbekommen. Erst als ich viel älter war, habe ich angefangen zu verstehen, was es unsere Eltern gekostet hat, hier zu leben.

Meine Eltern besaßen und betrieben mehrere Unternehmen, die alle in der Autoindustrie angesiedelt waren. Autoreparatur hatte mein Vater seit jungen Jahren im Blut. Er lernte diese

Fähigkeit, indem er als kleiner Junge mit seinem Großvater auf der Farm unterwegs war. Mein Urgroßvater war ein guter alter Junge. Falsche Zähne, ein Overall und ein riesiges Herz sind die Wörter, mit denen ich ihn hauptsächlich beschreiben würde. Er war der einzige Mann, der meinem Vater als er aufwuchs ein gewisses Gefühl von väterlicher Liebe gegeben hat, hauptsächlich dadurch bedingt, dass sein eigener Vater ertrank, als er im zarten Alter von nur drei Jahren war. Er hatte versucht, schwimmend sein gekentertes Boot zurück zur Küste zu ziehen. Das war ein Verlust, der die Familie verarmt und emotional gezeichnet zurückließ. Es dauerte Jahre, bis dieses Trauma im Leben meines Vaters zur Ruhe kommen war. Seine Leidenschaft für Autos wurde zum Leuchtturm der Hoffnung inmitten des Sturms. An dieser Stelle verband er sich mit der Liebe seines Großvaters und fühlte sich sehr lebendig.

Die Automobilbranche erwies sich als beschwerlich. Obwohl mein Vater der beste Mechaniker der Stadt war, und wohl auch der beste im Umkreis von Meilen, lebten wir in einer Stadt von 3000 Menschen, in der Holzfällen der größte Industriezweig war. Meine Eltern waren über 20 Jahre in der Industrie tätig, betrieben Autoteile-Handel und Tankstellen mit Reparaturwerkstätten, und sind meistens dem Regenbogen zum Goldtopf gefolgt, wie so viele vor ihnen auch. Und wie viele andere verließen wir diese Zeit mit nicht viel mehr als der Weisheit, die man in harten Zeiten erlangt, und der Hoffnung auf Licht am Horizont.

Es gab immer genug in unserem Haus, vor allem genügend Liebe. Doch die Ernte war ein Ergebnis von Blut, Schweiß und Tränen. Am frühen Morgen vor dem Zahltag ging mein Vater oft im Zimmer auf und ab und betete und fragte sich, wie er über die Runden kommen sollte. Es war eine große

Aufgabe für einen Mann, der mit nichts angefangen hat.

Werde ich mich jemals verlieben?

Mein Vater ist mein Held; er war schon immer mein bester Freund gewesen. Wie in den meisten Vater-Sohn-Beziehungen schufen und befolgten auch wir unsere Traditionen, die dabei halfen, uns zu verbinden. Eine dieser Traditionen reicht so weit zurück, wie ich mich erinnern kann. Jedes Mal, wenn ich mit meinem Vater in ein Auto stieg, sprachen wir immer über Mädchen. Wir grasten dabei jedes Thema ab, von wie man eine Dame behandelt bis hin zu welche Qualitäten ich bei einer Frau suchte. Mein Vater beherrschte es meisterhaft, mir Informationen zu entlocken, ohne dass ich es richtig merkte. Ich nenne das den „Jedi-Trick". Ehe ich wirklich wusste, was vor sich ging, hatte ich Informationen preisgegeben und der Schaden war angerichtet. Nun gelangte ich in eine peinliche Unterhaltung mit verschwitzten Handflächen und kratzigem Hals. Ich kann mich daran erinnern, wie ich auf meinem Sitz etwas erschauderte, während ich auf die Fragen wartete, die mir gleich gestellt würden. Das Lustige an der ganzen Sache ist, dass dies meine schönsten Kindheitserinnerungen sind. So sehr ich diese Zeit auch fürchtete, ich liebte sie noch mehr.

Meine Liebesgeschichte beginnt bei einer solchen Autofahrt mit meinem Vater. Jahrelang sind wir jeden Mittwochabend eine Strecke von 30 Kilometern über die Berge nach Lewiston gefahren, um Basketball zu spielen und ein paar jugendlichen Straftätern Liebe entgegenzubringen. Auf diese Weise hatten wir viel Qualitätszeit im Auto, wenn wir jede Woche dort hin- und zurück gefahren sind.

Auf einer speziellen Fahrt haben mein Vater und ich die Theorie der Liebe zwischen Mann und Frau diskutiert. Ich war

15 Jahre alt und voller Fragen. Wir hatten dieses Gespräch schon hundert Mal geführt, doch an diesem Abend war es anders. Ich begann etwas zu fühlen, was ich noch nie zuvor gefühlt hatte. Ich verspürte ein Verlangen, zu lieben und von einer Frau geliebt zu werden. Bis zu diesem Zeitpunkt war ich nur am Rande an Mädchen interessiert gewesen, aber wahrscheinlich hat mein Jagdinstinkt alle verfügbare Gehirnkapazität ausgefüllt, die normalerweise dafür genutzt wurde, die Gattung Frau zu verarbeiten. Hier saß ich also und fragte laut, als ich dieses Drängen in meinem Herzen entdeckt hatte: „Dad, werde ich mich jemals verlieben?" Ich weiß, was Sie jetzt denken. Sie denken: Er ist doch erst 15. Warum so eilig? Sie werden das besser verstehen, wenn Sie wissen, dass sich die Männer in unserer Familie jung verlieben. Mein Vater hat die Richtung angegeben, als er meine Mutter fragte, ob sie ihn heiraten möchte, als sie erst 13 Jahre alt war. Opportunistisch, wie mein Vater nun mal ist, fand er, dass es unnötig war, seine Zeit mit den unsinnigen Details zu verschwenden, die das Daten mit sich bringen kann. Er hatte es auf sie abgesehen und besiegelte das an Ort und Stelle!

Hier saß ich also, schüttete mein Herz aus und versuchte verzweifelt, einen Funken Hoffnung zu finden, der dieses Verlangen in mir stillen konnte. „Werde ich mich jemals verlieben?" Mein Vater antwortete mir an diesem Abend voller Zuversicht: „Ja, das wirst du, mein Sohn. Du wirst dich verlieben." Irgendwie brachte die Antwort meines Vaters in meiner Seele eine tiefer gehende Frage hervor: Habe ich das, was man braucht, um sich zu verlieben? Während ich über diese Dinge nachgrübelte, zerrte die Ungewissheit an meinem Herzen.

Eine Prinzessin in einem Leben aus zweiter Hand

Es ist komisch, wie oft sich die Gezeiten in meinem Leben verändert haben, ohne dass es mir bewusst war, bis mich die Veränderung plötzlich volle Breitseite erwischt. Wenn das passiert, fühle ich mich wie ein Schiff, das von einer Monsterwelle getroffen wird, und ich krabbele umher um inmitten des ganzen Chaos meine Haltung wiederzufinden. Dieser spezielle Wetterwechsel zeigte sich kein bisschen anders.

Sie war eine Schönheitskönigin, wie ich noch nie zuvor eine gesehen hatte. Nun, zumindest keine, die mich auch angesehen hatte. Sie hatte alles Zeug dazu, den Idioten in mir zum Vorschein zu bringen. Sie wissen, wovon ich rede: Wenn sie nur grob in meine Richtung blickte, musste ich nach Worten suchen, wie der Typ, der beim 90 Meter Hürdenlauf über jedes Hindernis stolpert; ein erbärmlicher Anblick für jeden, der dabei zusieht. Aus irgendeinem Grund konnte ich in ihrer Gegenwart mein Gehirn mit dem Rest des Körpers nicht in Verbindung bringen. Ich erinnerte mich selbst ständig an die Geschichte von der Schildkröte und dem Hasen: „Langsam und beständig wird am Ende siegen." Immerhin wohnte sie im Haus meines besten Freundes.

Die Geschichte, wie ich Heather kennenlernte ist ziemlich interessant, und vielleicht auch etwas verwirrend. Mein bester Freund zu Highschool-Zeiten (und bis auf den heutigen Tag) ist Jerome Evans. Jeromes Eltern (Wes und Kathy) haben ein großes Herz für Leute, die in ihrem Leben Unterstützung brauchen könnten. Sie waren berühmt-berüchtigt dafür, alle möglichen Jugendlichen aufzunehmen, die eine Bleibe brauchten oder sich nach guter, altmodischer Liebe sehnten. Eine dieser Jugendlichen war Amanda McKay, Heathers beste Freundin. Amanda war, genauso wie Heather, auch eines der

Mädchen, die das Dümmste aus einem herausholen konnten. Mit ihren langen, blonden Haaren und großen blauen Augen war sie „DAS Mädchen" in der Cheerleader-Gruppe, das uns Jungs Grund genug gab, nach dem Basketballspiel noch dazubleiben, lange nachdem wir fix und fertig gemacht worden waren.

Eines der schönsten Merkmale Amandas war nicht nur, dass sie den Raum erleuchten konnte, sondern die Art, wie sie Gott liebte. Sie inspirierte alle in ihrem Umfeld, besonders Heather, und die Jungs, die mit ihr ausgehen wollten. Aber zurück zu Heather.

Ein Kind in einer Erwachsenenwelt

Heather wuchs in einer zerrütteten Familie auf. Scharfe Worte und der Mangel an Liebe waren für sie die Norm. In diesen Jahren war ihre Mutter emotional ausgelaugt und konnte sich unmöglich um die Bedürfnisse eines Kindes kümmern. Und ihr Vater war irgendwo über die kanadische Grenze verschwunden um einem neuen Traum nachzujagen. Den Großteil ihrer Jugendzeit lebte sie mal hier, mal da, und kam schließlich für gewöhnlich zu ihrer Großmutter oder ihrer Tante. Mit der Zeit wurde sie dieses Nomadenlebens überdrüssig. Sie brauchte einen neuen Anfang, einen Ort, an dem sie den Frieden finden konnte, der Stabilität mit sich bringt. Im Alter von 16 Jahren packte sie also ihre Taschen und machte sich mit hohen Erwartungen und dem Versprechen auf eine neue Perspektive auf nach Salt Lake City. Ein Kind in einer Erwachsenenwelt.

Es dauerte nicht lange, bis ihr Programm in vollem Gange war. Ein Job mit einer 60 Stunden-Woche und frühen Arbeitstagen nahm ihre meiste Zeit in Anspruch. Bald forderten die überaus strapaziösen Zeiten und der Mangel an Freunden ihren Tribut. Das Gras war nicht so grün, wie sie gedacht hatte.

Heather hatte wieder einmal einen absoluten Tiefpunkt erreicht, und sie war wieder einmal bereit für eine Veränderung. Ungefähr zu diesem Zeitpunkt besuchte Amanda sie in Utah. Mit ihrem optimistischen und ansteckenden Wesen gab Amanda Heather so viel Hoffnung. Die Liebe ihrer besten Freundin war etwas, das Heather in dieser Zeit so dringend brauchte.

WÄHREND DER NÄCHSTEN WOCHEN BEGANN HEATHER ZU VERSTEHEN, WIE VIEL IHR ABHANDEN GING. SIE BEGANN DARÜBER NACHZUDENKEN, DASS AMANDA ZWEI GROSSARTIGE ELTERN HATTE, DIE SIE LIEBTEN; ETWAS, WAS HEATHER SO DRINGEND BRAUCHTE.

Während der nächsten Wochen begann Heather zu verstehen, wie viel ihr abhanden ging. Sie begann darüber nachzudenken, dass Amanda zwei großartige Eltern hatte, die sie liebten; etwas, was Heather so dringend brauchte. Die bevorstehende Entscheidung war keine komplizierte Sache. Heather wusste, dass sie das brauchte, was Amanda hatte. Ich bin mir sicher, dass Wes und Kathy es wahrscheinlich schon erwarteten, doch selbst wenn nicht, so nahmen sie Amandas Telefonanruf dennoch gerne an. „Dad, kannst du kommen und mich und Heather abholen? Sie möchte bei uns wohnen."

Auf dem Heimweg von Utah erlebte Heather die Freude, die Amanda in ihrem Leben hatte, indem sie ihr Herz dem Herrn gab. Bis zu diesem Zeitpunkt war sie durchs Leben geirrt, eine Prinzessin in einem Leben aus zweiter Hand. Dies war der Neubeginn, nach dem sie wie wahnsinnig gesucht hatte.

Hals über Kopf

Die Nachricht über ihre Ankunft gewann meine volle Aufmerksamkeit. Ich hatte Heather getroffen, als ich ungefähr 14 war. Ich kann mich an diesen Augenblick sogar noch heute erinnern. Sie saß auf der Parkwiese auf einer Decke, die sie von Hand gestrickt hatte. Mit ihrem wallenden, braunen Haar und ihren tiefgrünen Augen, und dem tollen rot-braunen Pullover sah sie uuun-glaub-lich aus! Es war der 4. Juli, und ich war der glücklichste Junge, den es gab, denn ich war zusammen mit der blondhaarigen, blauäugigen Amanda und ihrer besten Freundin. Danke, Jesus! Ich muss wohl nicht dazu sagen, dass ich ein kleines bisschen begeistert war zu hören, dass Heather nicht nur wieder hier in die Stadt gezogen und wiedergeboren war, sondern auch noch ins Haus meines besten Freundes zog. Es gab da nur ein Problem: Zu diesem Zeitpunkt in meinem Leben war ich nicht gerade das, was man eine Sportskanone nennen würde. Ich war ein ziemlicher Streber!

Nachdem ich im Auto diese Unterhaltung mit meinem Vater darüber geführt hatte, die Liebe zu finden, hatte ich ein beträchtliches Maß an Zeit mit der Jagd auf eine weibliche Freundin verbracht. In einer Stadt mit 3000 Einwohnern ist die Chance, „die Eine" zu finden, jedoch äußerst beschränkt, vor allem, wenn man so ein Typ ist, der immer noch dafür betet, dass die Pubertät einsetzt. Ich war 16 Jahre alt und versuchte, den Reifeprozess so schnell wie möglich einzuleiten. Mein Gedanke war, dass das Testosteron in mir einen zusätzlichen Anstoß bekommt, wenn ich meine Stimme bei jedem zweiten Wort quietschen lasse. Ich bin mir nicht sicher, ob das wirklich so effektiv war; doch harte Zeiten schreien nach harten Maßnahmen, und damals wurden die Zeiten wirklich hart. Ich hatte gehört, dass Heather wieder in der Stadt war, und ich musste schnell etwas unternehmen!

Unsere Beziehung existierte am Anfang praktisch nicht, es sei denn, es zählt dazu, dass ich fast jeden Abend in ihrem Haus verbrachte (mit meinem besten Freund, Jerome). In meinem tiefen Inneren wusste ich, dass es auf Gottes grüner Erde unmöglich war, dass Heather sich in einen Typen wie mich verliebte. Um genau zu sein, dachten meine Freunde das gleiche, auch Heathers beste Freundin, Amanda.

Ich erinnere mich an ein Gespräch mit Amandas Freund, der auch mein bester Kumpel in der Basketballmannschaft war. Ich erwähnte ihm gegenüber, dass ich ein kleines bisschen an Heather interessiert war. Ich glaube, ich sagte, dass sie mich umbrachte. Er hat im Prinzip nur gelacht und gesagt: „Du träumst. Sie würde nie auf dich stehen." Heather war es gewohnt, von Typen gejagt zu werden, die einen Fußball 365 Meter weit werfen konnten und die 35 Meter in unter einer Sekunde liefen. Sie wissen, wovon ich rede: die Typen, die man nicht anschauen darf, weil einem sonst der Augapfel zerschmilzt und aus dem Kopf heraus läuft … diese Typen. Und dann war da ich, der an seiner quietschenden Stimme arbeitete. Im Nachhinein sehe ich, dass meine Freunde nicht bösartig waren; sie versuchten nur, mich vor dem Unvermeidbaren zu beschützen.

Ich bin nicht so jemand, der beim ersten Anzeichen von Widerstand gleich aufgibt. Wenn es hart auf hart kommt, kann ich Old Spice Aftershave auftragen und jeden zweiten Tag duschen. Es geht nur darum, auf dem richtigen Kurs zu bleiben und sicher zu stellen, dass ich das Spiel bei jeder sich mir bietenden Gelegenheit auf heimischem Boden austrage.

Heather und ich sahen uns normalerweise ungefähr an fünf oder sechs Tagen in der Woche, weil wir in die gleiche Jugendgruppe und Gemeinde gingen (ganz davon zu schweigen, dass ich praktisch in Jeromes Haus lebte). Je mehr Zeit ich mit ihr verbrachte, desto mehr begann ich, mich Hals über Kopf in dieses Mädchen zu verlieben. Immerhin war sie unglaublich hübsch, wirklich lustig, liebte Sport und lange Spaziergänge am Strand, und sie roch so gut (was in Weaverville nicht unbedingt selbstverständlich war). Was mich an ihr jedoch am meisten anzog, war ihre Beziehung zum Herrn. Dieses Mädchen leuchtete! Sie war in einer so kurzen Zeit von solch einem tiefen Ort der Zerrissenheit und Einsamkeit an einen Ort der Freiheit gekommen. Ich hatte und habe in meinem Leben noch nie einen Menschen eine solche Verwandlung durchmachen sehen. Sie war erst seit zwei Monaten Christ, und sie brannte total. Ich sah jeden Tag, wie sich dieses Mädchen vor meinen Augen veränderte.

Verliebt

Es waren zwei Monate vergangen, seit Heather ins Haus der Evans eingezogen war, und ich war mir nicht sicher, wie viel mehr dieser Folterung ich ertragen konnte. Dieses Mädchen bearbeitete mich jeden Tag! Ungefähr zu dem Zeitpunkt, als ich beschlossen hatte, mein Herz zur sicheren Aufbewahrung wegzuräumen, erhielt ich die Nachricht, auf die ich mein Leben lang gewartet hatte. Es geschah in unserem Café vor Ort (The Mamma Llama). Das war der Ort, an dem alle „coolen Jugendlichen" der Jugendgruppe sonntagabends herumhingen. Die meisten anderen aus der Schule waren auf Partys, tranken und tauschten Zungenküsse aus; aber nicht wir Kids aus der Jugendgruppe. Wir waren im Café und schlürften italienische Limonaden.

Ich war also dort und hing mit all meinen Freunden ab. Es wurde spät, und ich brauchte dringend einen Tapetenwechsel. Nach einigen Vorschlägen beschlossen Jerome und ich und ein paar andere Leute, für eine Weile rüber zu mir zu gehen. Als wir im Auto waren, stieß Jerome dazu vor, mir zu sagen, dass er die beste Nachricht hatte, die ich je in meinem Leben gehört hatte. Da wusste ich schon, was er sagen würde. Er würde mir sagen, dass er eine neue Remington 11-87 Schrotflinte für die Entensaison bestellt hatte, und dass ich sie, wenn ich Glück hatte, auch einmal ausprobieren durfte.

Zu meiner Überraschung erzählte er mir weiter, dass er Heather im Café in die Enge getrieben und sie gefragt hatte, was sie über mich dachte. Die nächsten zehn Minuten dieser Geschichte sind unscharf, wie bei dem Film Matrix, als Neo den Kugeln auswich. Während ich fuhr, schmetterte Jerome: „Sie findet dich süß!"

Ich bin süß!!! (Das Auto schwenkte plötzlich in alle Richtungen ab.) Ich bin mir nicht sicher, ob ich davor jemals dieses Gefühl gehabt hatte; doch in diesem Moment ging ich in den absoluten Matrix-Modus. Die Welt bremste auf Schneckentempo ab, und es war, als könnte ich jeden Buchstaben zählen, der aus seinem Mund kam.

Ich war völlig verschlungen von der Klarheit dieses Augenblicks. Jemand mochte mich — der Jemand, den ich mehr als irgendeinen anderen Jemand wollte.

Ich war völlig verschlungen von der Klarheit dieses Augenblicks. Jemand mochte mich – der Jemand, den ich mehr als irgendeinen anderen Jemand wollte.

Es gibt nur eines, was ein Mann in dieser Situation tun kann. Ich musste zurück zum Mamma Llama und Heather nach Hause fahren! Ohne zu zögern wendete ich das Auto, setzte alle meine Freunde bei der nächsten Gelegenheit (also irgendwo in Weaverville) ab. Nach einigen „Viel Glück!"-Wünschen nahm ich meinen Mut zusammen. Immerhin war sie das Mädchen, das den „Idioten" in mir zum Vorschein bringt. Ich wusste genau, was mir in der Sekunde passieren würde, wenn ich meinen Fuß dort hineinsetzte. Ich wusste, dass sie grob in meine Richtung blicken würde und meine Knie in dem Moment dazu geeignet wären, bei der Blaskapelle mitzumarschieren, die zur Halbzeit beim Rose Bowl spielt.

Mit verschwitzten Handflächen, meinen Knien, die den „Militärmarsch" spielten und einem Herzschlag von gefühlten 10000 Schlägen pro Sekunde ging ich vorsichtig auf sie zu. Ich redete mir immer wieder ein: „Langsam und beständig wird am Ende siegen. Versuche nicht, eine ganze Kuh mit einem Bissen zu essen. Sag einfach irgendetwas wie: Hallo, wie geht's?"

Als der Abend dem Ende zuging, hatten wir ein ganzes Gespräch mit witzigen Bemerkungen und Gelächter geführt. Das Einzige, was noch blieb, war, sie nach Hause zu bringen. Mein Pontiac 6000 war so ziemlich das Einzige, was ich diesem Mädchen bieten konnte. Das Auto war nicht die glitzerndste Maschine der Welt, aber es war mit mir durch dick und dünn gegangen. Ich hatte es sogar nur ein paar Wochen vor diesem Abend dazu benutzt, ein Reh zu transportieren, das ich bei der Jagd erlegt hatte. Dieses Auto war ein treuer Begleiter vieler erster Verabredungen in unserer Familie gewesen, hauptsächlich, weil es von meinen Eltern an alle Geschwister weitergegeben wurde. Und da ich der Jüngste war, kann man mit Sicherheit sagen, dass dieses Auto schon bessere Zeiten gesehen hatte. Heather hatte jedoch kein Auto, also war das für mich die beste Gelegenheit, die Situation auszunutzen. „Soll ich dich nach Hause bringen?", quietschte ich nervös. Sie nahm das Angebot schnell an und wir fuhren zu ihrem Haus.

AUF DEM HEIMWEG WUSSTE ICH, DASS ICH
UNGEFÄHR ZWEI MINUTEN ZEIT HATTE, MIR
GENUG MUT ANZUSAMMELN, SIE EINZULADEN
MIT MIR AUSZUGEHEN. IN WEAVERVILLE LIEGT
ALLES IN EINEM ABSTAND VON FÜNF FAHRMI-
NUTEN, ICH MUSSTE ALSO SCHNELL HANDELN.

Auf dem Heimweg wusste ich, dass ich ungefähr zwei Minuten Zeit hatte, mir genug Mut anzusammeln, sie einzuladen mit mir auszugehen. In Weaverville liegt alles in einem
Abstand von fünf Fahrminuten; ich musste also schnell handeln. Ich bin mir ziemlich sicher, dass ich die gleiche Ent-
schlossenheit wie mein Vater habe, wenn es darum geht, ein
Geschäft zu besiegeln. Wenn ich einmal weiß, was ich will,
dann muss ich es ohne Aufschub haben.

Später würde mich meine Mikrowellen-Mentalität noch
einholen, doch nicht an diesem Abend. Als wir in ihre Ein-
fahrt einbogen, hatte ich mir klar gemacht, dass die Sonne
vom Himmel fallen und die ganze Erde Feuer fangen würde,
wenn ich dieses Mädchen nicht fragte, ob sie mit mir ausgehen wollte. Also ließ ich die Frage heraus: „Hm … äh, ich
hätte dich wirklich gerne … ich meine, ich würde dich wirklich gerne einladen, mal mit mir auszugehen, wenn das für
dich okay ist."

Sie antwortete selbstbewusster, als ich es war: „Ja, das würde
ich total gerne!"

„Okay, wie wär's mit Samstag um sechs?"

„Ja, das wäre super!"

Ich bin froh, dass an diesem Abend, als ich von ihrem Haus
heimfuhr, keine Kamera im Auto war. Das hätte mit Sicherheit die eine Million-Marke bei YouTube-Klicks geschafft.
Nur so konnte ich verhindern, dass ich mit 160 km/h im
Kreis fuhr: Ich schrie einfach nur aus voller Kehle und häm-

merte vor Freude auf mein Lenkrad ein. Ich hatte gerade die
Frau meiner Träume eingeladen, und sie hatte JA gesagt!

Die Straße zum Schicksal

Es dauerte nicht lange, bis wir in unserer Beziehung unsere
Liebe zueinander entdeckten. Um genau zu sein, war es
glaube ich am siebten Tag unserer „Beziehung", dass wir uns
gegenseitig „Ich liebe dich!" gesagt haben. Sie war in mich
verliebt, und ich war in sie verliebt. Das war eine himmlische
Partie! Im Laufe der nächsten beiden Jahre bauten Heather
und ich eine Beziehung auf, die ein Leben lang halten sollte.
Wir waren beide entschlossen, Stärke und Liebe ineinander
zu investieren. Wir hatten uns dem Erfolg unserer Beziehung
und unser gemeinsamen Zukunft gewidmet.
Heather und ich hatten einen starken Anfang. Wir hatten
einen bombensicheren Plan, wie wir uns rein halten wollten und waren jetzt auf gutem Weg zu einer gemeinsamen
Wohnung als Ehepaar. Alles war fantastisch, bis sechs Monate
vor unserem Hochzeitsdatum. Heather und ich waren in zwei
völlig unterschiedlichen Welten aufgewachsen. Ich war eines
der Kinder von „Unsere kleine Farm", und sie war das kleine
Mädchen, das für sich selbst sorgen musste. Während meiner ganzen Highschool-Zeit trug ich jeden Tag ein weißes
T-Shirt, weil ich mich daran erinnern wollte, dass ich rein bin.
Mit 13 Jahren schloss ich mit Gott einen Pakt, dass ich mich
sexuell rein halten wollte, bis ich verheiratet war. Heather
genoss nicht die gleichen Möglichkeiten oder Erziehung, die
einen solchen Lebensstil erlauben würden.
Im Nachhinein betrachtet scheint alles glasklar. Heather kam
innerlich an einen Punkt, an dem sie beschloss, dass sie das
mit der Hochzeit nicht durchziehen konnte. Eines Nachmit-
tags rief sie meinen Vater völlig geknickt an und fragte ihn, ob

sie sich treffen konnten. Mein Vater, der Heather genauso wie eines seiner eigenen Kinder liebt, ließ das fallen, was er gerade tat und lud sie ein zu kommen. Als sie kam, konnte er sehen, dass sie eine ganze Zeit lang geheult hatte. Durch ihre Tränen hindurch begann sie ihm zu erklären, dass sie nicht mit jemandem zusammen sein konnte, der noch nie etwas falsch gemacht hatte, während sie so ein zerrüttetes Leben gelebt hatte. Es fühlte sich einfach nicht richtig an.

Mein Vater begann ihr voller Mitgefühl zu erklären, wie Jesu Tod am Kreuz unser Herz heilt und unsere Sünden vergibt. Er erklärte, dass unserer Sünden gar nicht mehr gedacht wird, wenn wir Gott um Vergebung bitten; sie sind völlig weggewaschen.

Dieser Tag war ein Wendepunkt in Heathers Leben. Seit Jahren fühlte sie sich zum ersten Mal rein. Wegen des Kreuzes hatte sie schließlich etwas, wofür es sich zu kämpfen lohnte – ihre Reinheit. Nur sechs Monate später gaben wir uns das Eheversprechen. Das war der schönste Tag in meinem Leben! Da war sie; sie ritt auf einem starken braunen Pferd hinein und verzauberte alle in ihrem cremefarbenen Hochzeitskleid. Und sie gehörte nur mir! Unser Leben hatte gerade erst begonnen.

Leben auf der Schnellspur

Was weiß jemand mit 18 schon über das Leben? Jeder 18-Jährige denkt, dass er alles voll durchschaut hat; doch es brauchte nicht lange, bis ich erkannte, dass das Leben mich gerade überrollte, ob ich es wollte oder nicht. Und so sah es in unserer Ehe die nächsten neun Jahre lang aus.

Heather und ich genossen kurze Flitterwochen, und jetzt war das Leben in vollem Gang. Wir wohnten in einem idyllischen, kleinen, weißen Zwei-Zimmer-Haus in Weaverville. Ich arbeitete für meinen Vater und fuhr Autoteile aus, und Heather machte die Buchführung für meine Mutter. Ich weiß nicht, ob Sie jemals für Ihre Familie gearbeitet haben, aber es kann die beste oder auch die schlechteste Erfahrung sein. So sehr ich mich auch freute, meine Eltern jeden Tag zu sehen, so sehr hasste ich die Eintönigkeit beim Ausliefern von Autoteilen. Was für eine Zukunft liegt schon darin?

> WENN MEIN VATER MIR JEDOCH IRGENDET-
> WAS ÜBER DAS LEBEN BEIGEBRACHT HATTE,
> DANN WAR ES, GANZ UNTEN ANZUFANGEN UND
> SICH BIS NACH OBEN HOCHZUARBEITEN. ER IST
> EIN MEISTER DARIN, UND DARAN WÜRDE ICH
> AUCH DEN REST MEINES LEBENS FESTHALTEN.

Wenn mein Vater mir jedoch irgendetwas über das Leben beigebracht hatte, dann war es, ganz unten anzufangen und sich bis nach oben hochzuarbeiten. Er ist ein Meister darin, und daran würde ich auch den Rest meines Lebens festhalten.
Mit derselben Geschwindigkeit wie auch bei allem anderen in unserem Leben, begannen wir sofort mit dem Kinderkriegen. Nur zwei Monate nach unserer Hochzeit erwarteten wir ein Kind. Was für eine Gebetserhörung: Wir würden ein Kind bekommen! Am 23. August 1999 wurde ich Vater von Elijah Cannon Vallotton. Das war wirklich der beste Tag unseres Lebens!
Als ich 24 war, war die Krippe voller Kinder, und das Leben bewegte sich in halsbrecherischer Geschwindigkeit. Heather blieb mit unseren drei Kindern zu Hause, während ich das Geld verdiente.

Vom Kind zum Mann

Im Nachhinein betrachtet ist es erstaunlich, wie schnell sich die Zeiten in meinem Leben verändert haben, davon, dass ich als frisch Verheirateter Autoteile ausgeliefert habe und dann als Vater von Dreien bereit war, meinen Traumberuf anzufangen. Wir zogen nach Redding in Kalifornien, und innerhalb von fünf Jahren arbeitete ich in meinem Traumjob. So lange ich denken kann, wollte ich als Pastor mit Menschen arbeiten. Ich wollte nie der Oberboss sein, der jede Woche predigte, sondern vielmehr ein wichtiges Mitglied in einem größeren Team. Seit ich ein kleiner Junge war, hatte ich so ein Herz dafür, gebrochene Menschen in ihre gottgegebene Identität zu verwandeln.

Im Jahr 2005 machte ich den Übergang und wurde Pastor in der Bibelschule von Bethel Church. Das Leben war noch nie besser gewesen für Heather und mich. Wir hatten es vom Umwerben bis zur Ehe und durch die Tests der Zeit geschafft. Mit drei wunderbaren Kindern, einem Traumjob und einer neuen Perspektive waren wir zu Hause angekommen.

Kapitel 2

DIE *Hölle kam* ZUM *Frühstück*

Wir erleben auf dieser Erde so viele Augenblicke und vergessen sie gleich am nächsten Tag. Dies war kein solcher
Moment. Obwohl ich Ihnen weder Datum noch Zeit nennen kann, kann ich mich doch genau daran erinnern, was passierte. Ich hatte angefangen ein Buch zu lesen: „1776" – Die
faszinierende Perspektive des Historikers David McCullough
auf den Beginn des Revolutionskrieges. Ich würde mich keinen Bücherfan oder auch nur irgendetwas in dieser Richtung
nennen. Genau genommen reicht es für gewöhnlich schon,
mich vom Lesen abzuschrecken, wenn ein Buch mehr als 300
Seiten hat. Nachdem ich das Buch jedoch kurz in die Hand
genommen hatte, konnte ich es nicht mehr weglegen. Mein
Herz war vereinnahmt von den Geschichten unserer furcht-
losen Vorväter, die alles gaben, was sie hatten, um Freiheit für
unser Land zu gewinnen. Diese Männer hatten etwas, wofür
es sich zu leben lohnte.
Rückblickend betrachtet war ich völlig ahnungslos, worauf
mein Herz in dieser Zeit vorbereitet wurde, als ich über die
Kämpfe Amerikas las. Ich hatte keine Ahnung, dass mein ganzes Leben in nur wenigen Monaten auseinanderfallen würde
und ich die Chance meines Lebens bekäme, einen solchen
Schmerz zu bewältigen, der den Charakter formt.

Ein Gebet um Veränderung

So fuhr ich also an diesem verhängnisvollen Tag die Benton Street entlang und dachte mir: Ich will den Charakter von George Washington ... Wenn ich klug gewesen wäre, hätte ich meine Gedanken gleich an diesem Punkt angehalten. Doch aus irgendeinem Grund tat ich das, was man nie tun sollte, ohne vorher die Kosten zu überschlagen: Ich brachte diesen Gedanken von meinem Gehirn über meine Lippen. Ehe ich mich daran hindern konnte, sagte ich laut zum Herrn: „Ich möchte den Charakter von George Washington."

Ich weiß nicht genau, warum das immer so läuft, aber das tut es. Man kann tausend Gebete sprechen, doch es scheint, als ob Gott beschließt, das eine zu beantworten, das man niemals hätte beten sollen (hat wahrscheinlich irgendwas mit Charakterformung zu tun).

MAN KANN TAUSEND GEBETE SPRECHEN, DOCH
ES SCHEINT, ALS OB GOTT BESCHLIESST, DAS
EINE ZU BEANTWORTEN, DAS MAN NIEMALS
HÄTTE BETEN SOLLEN

Hätte ich nur ein bisschen länger darüber nachgedacht, so wäre mir klar geworden, worum ich da bat. George Washington war kein Mann, der ein ungeprüftes Leben geführt hat. 1755, nach dem Franzosen- und Indianerkrieg, schrieb er in einem Brief an seine Mutter, dass er unverletzt entkommen war, doch „ich hatte vier Schusslöcher in meinem Mantel, und mir sind zwei Pferde unter dem Sattel abgeschossen worden". Es heißt, dass George glaubte, er konnte nicht vor seinem „vorbestimmten Zeitpunkt" sterben. Deshalb vollbrachte er diese verrückten Heldentaten allen Widrigkeiten zum Trotz, mit wenig oder ohne Furcht. Und ich betete, dass ich einen Charakter wie seinen haben würde.

Nun, es heißt in der Bibel: „Bittet, und ihr werdet erhalten." (Lukas 11,9) Ich bat, und ich erhielt! Ich weiß nicht, ob Sie jemals etwas Ähnliches erlebt haben, doch vier Monate später brannte mein Leben lichterloh. Alles, was einst stabil gewesen war, begann zu wackeln. Dieser Prozess begann, als ein sehr enges Familienmitglied einen schrecklichen Nervenzusammenbruch erlitt. Ich verbrachte unzählige Stunden im Gebet und am Telefon mit dieser Person und kämpfte für einen Durchbruch. Ich glaubte, dass der Friede schon vor der Tür stand.

Ich hatte in meinem Beruf viel Seelsorge ausgeübt, und ich hatte schon anderen Menschen durch derartige Probleme hindurch geholfen. Doch zwei Monate später erlitt ein anderes Familienmitglied einen ähnlichen Angriff. Was war hier los?

Dieser ganze Vorgang begann im Oktober 2007, und jetzt war es Dezember. Manchmal bin ich nicht die geistlich sensibelste Person, aber selbst ich hatte gemerkt, dass die Hölle zum Frühstück gekommen war. Meine Hoffnung war, dass dieser Besuch nur eine Mahlzeit lang dauern würde. Leider war dies nur der Anfang von dem, was fast zwei Jahre lang andauerte.

Als die Temperatur fiel

Ich befand mich buchstäblich mitten im Winter, doch ich fühlte mich auch langsam innerlich kälter als je zuvor. Noch nie hat ein nahestehendes Familienmitglied so etwas durchgemacht, und schon gar nicht zwei gleichzeitig! Im Laufe der Zeit erkannte ich, dass das nicht so schnell zu beheben war. Die dunkle Nacht in ihrer Seele war scheinbar dauerhaft gekommen.

Es gibt kein Gefühl, das dem gleich kommt, bei einem völligen

Desaster machtlos zuzusehen. Es macht etwas mit der Seele eines Mannes, wenn er dabei zuschaut, wie seine Geliebten tagein, tagaus bei dem Gedanken erzittern, noch einen Morgen miterleben zu müssen. Der Impuls ist eine Kraft, mit der man rechnen muss. Wenn der Zug einmal ins Rollen gekommen ist, ist es schwer, ihn zu stoppen. Und die Dinge wurden nur schlimmer! Der Februar kam, und es waren nun vier Monate vergangen, seit dies alles angefangen hatte. Ich empfing den neuen Monat mit offenen Armen. Ich hoffte auf frische Morgenluft und Befreiung von diesen langen, dunklen Nächten, die eine dauerhafte Belastung gewesen waren.

Während sich der Monat langsam entwickelte, dauerte es nicht lange, bis ich bemerkte, dass ich mich zu Hause einsamer fühlte als bisher. Sie müssen eines verstehen: Sich in meinem Haus allein zu fühlen ist ein Ding der Unmöglichkeit! Ich habe drei Kinder: Evan, mein Jüngster, war vier; Rilie, meine Prinzessin, war sechs; und Elijah, mein Ältester, war acht. Und natürlich meine wunderschöne Frau Heather, mit der ich seit neun Jahren verheiratet war. Zeit für mich allein gab es in meinem Haus nur zwischen Mitternacht und sechs Uhr morgens, wenn ich Glück hatte. Die restlichen 18 Stunden verbrachte ich damit, Trinkflaschen zu füllen, im Wohnzimmer Catchen zu spielen und mich um alles zu kümmern, was die Menschheit je gekannt hat. Hier gibt es keinen langweiligen Augenblick! Mein Gefühl „allein zu Haus" zu sein wurde jedoch nicht von der Abwesenheit von Menschen, sondern dem Mangel an Beziehung hervorgerufen.

Wenn Sie seit einer gewissen Zeit verheiratet sind, dann wissen Sie, dass das kein außergewöhnliches Vorkommnis ist, sondern vielmehr wie eine Jahreszeit, die man als Liebende manchmal durchlebt. Zuerst machte ich mir nicht so viele Sorgen über meinen emotionalen Zustand. Es war nicht das erste Mal, dass ich mich in meinem Haus einsam fühlte, und es würde sicher auch nicht das letzte Mal sein.

Es trugen so viele Faktoren dazu bei, die Gefühle, die ich in mir hatte, zu nähren. Ein Teil hing mit dem Autounfall meiner Frau zusammen. Sie wurde übersehen, als sie mit 110 km/h die Schnellstraße entlangfuhr und wurde von einem Geländewagen mit voller Breitseite erwischt, was vier gebrochene Rippen, eine punktierte Lunge und ein paar abgebrochene Zähne verursachte. Obwohl sie sich davon schon seit einiger Zeit erholt hatte, machten ihre Rippen manchmal noch Ärger, weshalb sie ein paar Wochen am Stück auf dem Sofa geschlafen hat. Wie Sie sich sicherlich vorstellen können, war das unserer Beziehung ganz und gar nicht dienlich.

Ich fühlte meinerseits viel Druck wegen dem, was meine Familie durchmachte, und mein allgemeines Gefühl von Frieden war in Gefahr. Außerdem war ich der Vater dreier sehr energiegeladener Kinder. Wir gingen also durch eine dieser Zeiten, in denen der Teil der Selbstverpflichtung in der Liebe zum Tragen kommen und einander näher bringen muss.

Nachdem ich mich eine Woche lang einsam gefühlt hatte, verstand ich, dass das nicht einfach von alleine wieder weggehen würde. Ich musste Heather erzählen, wie es mir ging, sodass sie dabei helfen konnte, unserem Mangel an Beziehung abzuhelfen. Heather war immer ziemlich gut darin, mir zuzuhören, wie es mir ging, und dann von ihrer Seite her daran zu arbeiten, mir näher zu kommen. Wir hatten nie wirklich ein Problem damit, uns unsere Gefühle mitzuteilen und Dinge irgendwie zu lösen. Diesmal war es jedoch schmerzhaft anders. Je mehr ich begann, mich ihr gegenüber zu öffnen und ihr zu sagen, wie es mir ging, desto weiter schien sie sich zu entfernen. Ich hatte das Gefühl, wir waren wie Magnete, die irgendwie umgepolt wurden, sodass es jetzt eine unmögliche Leistung war, wieder zusammenzukommen. An diesem Punkt wusste ich, dass mir das Wasser bis zum Hals stand und ich Hilfe brauchte.

Irgendetwas ist ernsthaft falsch

Während der vergangenen eineinhalb Jahre waren Heather und ich einmal im Monat zu einer Beratung gegangen. Im Gegensatz zu den meisten Menschen glaube ich nicht daran, zu warten, bis alle vier Reifen platt sind und der Motor brennt, und dann Hilfe zu suchen. Ich glaube sehr stark daran, dass wir von den Erfolgen anderer lernen und an ihnen wachsen. Einer meiner geistlichen Väter ist unser Familienseelsorger, der bei Bethel Church arbeitet. Und weil wir wie eine Familie sind, konnten wir uns regelmäßig mit ihm treffen. Weil ich ein kluger Mann bin, oder eher weil ich mich seit einer Woche total überwältigt und abgetrennt gefühlt hatte, schickte ich einen SOS-Ruf an Danny.

Dannys Büro war mir vertraut geworden, und ich dachte, dass dieses Treffen so wie die vorherigen ablaufen würde. Heather und ich hatten nie wirklich viele Probleme in unserer Ehe gehabt; also wir stritten nicht oder so etwas. So dachte ich mir, dass ich zuerst meinen Teil der Geschichte, und dann sie ihren erzählen würde. Dann würde Danny seinen Zaubertrick machen und wir konnten gehen. Zumindest hoffte ich das.

Sobald wir uns hingesetzt hatten, bat Danny Heather zu erzählen, was sich in ihrem Herzen getan hatte. Die ersten Worte, die aus ihrem Mund kamen, waren: „Jason, willst du den Raum verlassen oder willst du dabei bleiben?" Sie hatte sich mir gegenüber in der vergangenen Woche kein bisschen geöffnet, und plötzlich begriff ich, dass sie dazu ausholte, den Korken einer Flasche voller Schmerzen knallen zu lassen. Völlig verängstigt vor dem, was gleich kam, bat ich sie verhalten fortzufahren. Durch Tränen hindurch begann sie: „Ich habe dich nie geliebt, ich habe absolut keine Vision für unsere gemeinsame Zukunft, und ich habe nicht das Gefühl, dass du einen Funken Leidenschaft hast. Es fühlt sich an, wie wenn ich in dieser Beziehung langsam absterbe."

Während sie weitersprach, schaute ich sie nur an und fragte mich, worüber sie eigentlich sprach.

Wie kann jemand nach neun Jahren Ehe und drei Kindern zu dem Schlusssatz kommen, dass es in der Beziehung noch nie gefunkt hat? Wie kommt sie darauf, dass ich keine Leidenschaft für sie oder für mein Leben habe? Ich habe dieser Frau von dem Moment an, in dem wir uns zum ersten Mal getroffen haben, jeden Tag mit Liebe und Respekt gedient. Ich verließ dieses Gespräch verletzter und verwirrter, als ich es je in meinem ganzen Leben gewesen war. Die einzige Frau, die ich jemals geliebt habe, hatte mir gerade gesagt, dass sie mich nie geliebt hat. Ich lernte, dass das liebende Herz schwer ist, und dass die Forderungen der Intimität schmerzhaft sind.

Eine Veränderung des Herzens

Ich verließ Dannys Büro an diesem Tag mit Anweisungen, ihr Herz zurückzugewinnen. Ich musste wieder diesen jugendlichen Funken entfachen, den wir einst gehabt haben. Danny verglich unsere Situation damit, ein veraltetes Auto zu fahren. Er erklärte: Wenn ein Paar sein Leben lang einen alten VW Käfer fährt und dann eines Tages eine Fahrt mit einem Porsche macht, könnten sie gut sagen, dass sie vor dem Porsche noch nie Auto gefahren haben. Vielleicht war es nicht so, dass Heather mich nicht liebte; vielleicht war unsere Beziehung ein altes, verbeultes Auto, das eine einsame Straße entlangfuhr. Und jetzt brauchten wir eine Sanierung. Wenn es je in meinem Leben dran war, etwas Mut zusammenzuklauben, dann was das jetzt. Ich musste meinen Trumpf ausspielen, und zwar schnell! Ich musste irgendeinen wasserdichten Plan ausarbeiten, um diese Frau wieder mit mir in Verbindung zu kriegen; wenn schon nicht wegen mir, dann zumindest zum Wohl unserer Kinder.

Ich begann damit, an unserer Beziehung zu arbeiten. Ich begann, ihr mit dem Herz auf der Hand nachzulaufen. Im Verlauf der nächsten zwei Monate verbrachte ich viel Zeit damit, über Plänen zu brüten und zu beten, und das umzusetzen, was ich mir sorgfältig zurechtgelegt hatte, um in ihr Herz vorzudringen. Ich startete einen Versuch nach dem anderen um die richtige Kombination herauszufinden – alles von Verabredungen zum Abendessen, über besonders viel Aufmerksamkeit, bis hin zu ihren Liebessprachen (die Dinge, die ich tun kann, damit sie sich am meisten wertgeschätzt fühlt). Doch der Safe ihres Herzens konnte nicht geknackt werden. Sie war fest verschlossen, und der Schlüssel war nirgends aufzufinden. Wenn ich es nur herausfinden könnte! Heather entfernte sich langsam aus meinem Leben; sie hatte nur noch nicht ihre Taschen gepackt und war damit abgereist.

Als ich meine Tagebucheinträge aus dieser Zeit wieder gelesen habe, verstand ich, wie schmerzhaft weit voneinander entfernt, und wie verwirrend unsere Leben geworden waren.

Tagebucheintrag: 16.4.2008

Ich habe gerade mit Heather für heute Abend zu Ende geredet. Sie fühlt immer noch, dass sie lieber woanders wäre, wenn ich in der Nähe bin. Sie sagt, dass wir einfach fast alles anders sehen. Ich fragte sie, was so unterschiedlich war, doch sie wollte es mir nicht sagen. Sie meinte, es sei nicht so, dass wir das einfach so verändern könnten und es uns dann allen besser ginge, und wir uns wieder näher wären. Ich

*sagte, dass ich das verstehe und auch nicht versuche, mich
zu verändern, weil es uns dann allen besser geht, sondern
dass ich versuche zu verstehen, was sie als anders empfindet. Ich sagte heute Abend zu ihr, dass sie eine gute Frau
ist, und sie sagte: „Das brauchst du nicht zu sagen." Ich
glaube, sie macht gerade eine harte Zeit durch mit dem
Gefühl, dass sie mich durch die Hölle gejagt hat. Und nun
tut sie es wieder, indem sie keine Liebe für mich empfindet;
deshalb fühlt sie sich nicht so gut. Sie ist eine wundervolle
Frau, und selbst in dieser Lage liebe ich sie und sehe das
Gute in ihr. Sie ist stark und voller Leben. Sie sagte, dass
sie sich lebendig fühlen will. Ich fragte sie, warum sie sich
nicht lebendig fühlte, doch sie konnte mir nicht antworten.
Ich weiß, dass es innen drin passieren muss, dass sie sich
lebendig fühlt, und dass es nichts ist, was ich für sie erledigen kann. Sie muss es alleine finden, wenn sie es überhaupt
finden wird. Sie hat mehr Freiheit als sie jemals gehabt hat,
und wenn sie das Gefühl hat, dass sie nicht lebendig ist und
gerade so überlebt, dann ist das ziemlich beschissen für sie.
Ich will nicht, dass du so lebst, Heather; ich will, dass du
ein erfülltes Leben führst.*

Mit der Zeit sah es so aus, als ob meine Liebe für Heather
nicht ausreichen würde. Bislang brauchten wir nur unsere
einfache Verbundenheit, doch jetzt war meine größte Mühe
bei weitem nicht zufriedenstellend für sie. Was hatte sie dazu
gebracht, nicht einmal an uns arbeiten zu wollen? Die ganze
Sache ging nicht auf.

Meine dunkle Realität

Am 22. April fuhr Heather übers Wochenende in die Hütte
ihrer Großmutter, um ein bisschen alleine zu sein und Dinge

zu verarbeiten. Nach ein paar Tagen kam sie wieder, im gleichen Zustand, in dem sie gegangen war: distanziert. Ich war schließlich an den Punkt gekommen, an dem ich anfing zu glauben, dass es nicht an mir lag, und dass ich nichts tun konnte um dieses Chaos zu beseitigen. Wenn ich sie betrogen oder misshandelt hätte, hätte ich die Beziehungslosigkeit und ihren Widerwillen, an uns zu arbeiten, ja verstanden. Doch dass sie sich mit Absicht so weit entfernte, obwohl sie einen großartigen Mann und Kinder hatte, ergab für mich keinen Sinn.

ICH WAR SCHLIESSLICH AN DEN PUNKT GE-
KOMMEN, AN DEM ICH ANFING ZU GLAUBEN,
DASS ES NICHT AN MIR LAG, UND DASS ICH
NICHTS TUN KONNTE UM DIESES CHAOS ZU
BESEITIGEN.

Als sie von ihrem Wochenende zurück kam, sagte ich ihr, dass es mir schwerfiel, ihr zu vertrauen, und dass ich ihre Sachen durchsehen würde um herauszufinden, was hier los war. Ich bin nicht der Typ, der herumschnüffelt, und ich wollte sie nicht hintergehen; aber ich hielt das nicht mehr länger aus.
Ein paar Wochen zuvor hatte sie alle ihre Passwörter am Computer geändert, was mir seltsam vorkam, da nur sie und ich ihn benutzten. Wir hatten auch in der Vergangenheit schon einige Probleme gehabt, weil sie mir gegenüber in entscheidenden Punkten nicht ganz ehrlich gewesen war. Ich fing an, mich völlig unsicher zu fühlen, und ich musste herausfinden, warum.
Je mehr ich versuchte Antworten zu finden, desto dunkler wurde meine Realität. Ich fand Dinge, die tödlich waren für unsere Beziehung. Dinge, die ein Schaudern durch meinen ganzen Körper jagten. Die Details wurden um unserer Kin-

der willen ausgelassen, doch das Ergebnis bleibt das gleiche. Meine ganzen Nachforschungen führten mich zu der Entdeckung, dass sie ein Verhältnis mit einem meiner Freunde von der Highschool hatte. Die ersten paar Abschnitte meines Tagebucheintrages von diesem Tag erinnern mich an den Schmerz, den diese Entdeckung verursachte.

Tagebucheintrag: 1.5.2008

Du fragst mich, ob ich in Ordnung bin, ob ich reden muss. Ich bin in diesem Alptraum aufgewacht: Meine Frau liebt einen anderen Mann; sie hat sich ihm ganz hingegeben. Oh, wie sehr ich mir wünschte, dass das alles nur ein böser Traum wäre! Was eigentlich mir gehören sollte, gehörte jetzt ihm. Sind Sie schon einmal betrogen worden? Sind Sie schon einmal so brutal abgeschnitten worden, ist man Ihnen mit dem Messer in den Rücken gefallen? Haben Sie schon einmal jemandem Ihr ganzes Herz gegeben, nur um dann herauszufinden, dass derjenige Ihr Herz benutzte um Sie zu schlagen? Haben Sie jemals Ihr Leben für jemanden niedergelegt? Haben Sie schon einmal mit rücksichtsloser Hingabe gedient und als Dank dafür eine Liste von Dingen bekommen, die Sie falsch gemacht haben?

Ich habe dir mein Leben übergeben. Ich habe dir so etwas Besonderes in die Hand gegeben; ein Geschenk, das du nie hattest und dir auch nie erträumt hättest. Ich habe dir meine Reinheit gegeben, meine pure Liebe. Ich habe die Kämpfe meiner Jugend gewonnen. Ich habe jahrelang dafür gekämpft, dir etwas so Reines und Echtes, etwas so Authentisches zu geben, dass du vermutlich nicht wusstest, was du damit anfangen solltest. Hat jemals ein Mann um dich gekämpft? Hast du jemals die Sicherheit gespürt, dass dich jemand durch und durch kennt und das schätzt, was er vorfindet? Du zeigst nur zerbrochenen Leuten, wer du wirklich bist; nur denen, von denen du erwartest, dass sie dich akzeptieren, weil sie genauso oder noch schlechter dran sind. Ich wurde nie in diesen kleinen Raum hineingelassen und bekam nie die Möglichkeit, dein Herz zu brechen. Ich konnte nur aus der Entfernung und in der Erinnerung beobachten, wie es wohl sein mag, etwas so geschützt zu halten, dass nur die Gebrochenen es berühren dürfen.

Ein Schmerz, so gewaltsam wie der Tod, durchschoss mich. Mein ganzer Körper erzitterte von Kopf bis Fuß bei der Erkenntnis darüber, was gerade passierte. Ich blieb die ganze Nacht auf und flehte sie völlig angsterfüllt an bei mir zu bleiben. Und ich wünschte, ich könnte irgendwie aus dieser schrecklichen Realität aufwachen. Meine Frau verließ mich wegen eines anderen Mannes; sie verließ unsere Kinder und sie verließ meine Familie.

Mir war völlig bewusst, was als nächstes passieren würde. Meine vorangegangenen Seelsorgegespräche, bei denen ich der Seelsorger war, und jemand anderes, der dachte, sein Leben sei zu Ende, war der Beratene, begannen mir monatelang durch den Kopf zu gehen. Besonders diejenigen, in denen der Jugendliche mir erzählt, wie verkorkst er ist, weil seine Eltern sich haben scheiden lassen. Ich wusste, dass ich mich bald mit meinen Kindern hinsetzen und ihnen in die Augen schauen würde, um ihnen dann irgendwie zu sagen, dass Mama nicht nach Hause kommen würde, dass Mama beschlossen hatte zu gehen. Ich würde monatelang mit meinen Kindern im Bett liegen und sie weinen hören, während sie versuchten auszusortieren, warum ihre Mutter nicht bleiben wollte. Und ich wusste, dass ich in der Gemeinde, in der ich Pastor war, irgendwie die Neuigkeit bekannt geben musste, dass meine Ehe am Ende war. Ich hatte noch nie in meinem Leben einen unwirklicheren Augenblick erlebt als an dem Tag, an dem sie wegging. Alles, auf das wir in unserer Beziehung hingearbeitet hatten, war gerade mit ihr zur Tür hinausgegangen.

Die Hölle ist zum Frühstück gekommen

Während der ganzen Zeit, in der ich „1776" gelesen habe, dachte ich mir immer, wie viel Glück so jemand wie George Washington hatte. Nicht, weil er nicht in der Schlacht umkam oder weil er es in die Geschichtsbücher geschafft hat, sondern weil er eine Schlacht zu schlagen hatte. Er hatte die Möglichkeit, seinen Mut und sich selbst auf die Probe zu stellen mit genügend Vertrauen, dass der Tod keinen Stachel mehr hat. Man sagt, dass Helden auf dem Schlachtfeld geboren werden; und wenn es stimmt, was man sagt, dann hatte ich jetzt meine Gelegenheit. Da bereitete ich mich vor, hart am Charakter George Washingtons zu arbeiten. Ich hatte mein Schlachtfeld gefunden, und zwei Monate später war ich alleine, ohne meine Frau, und mit einem lichterloh brennenden Leben.

DA BEREITETE ICH MICH VOR, HART AM CHARAKTER GEORGE WASHINGTONS ZU ARBEITEN. ICH HATTE MEIN SCHLACHTFELD GEFUNDEN, UND ZWEI MONATE SPÄTER WAR ICH ALLEINE, OHNE MEINE FRAU, UND MIT EINEM LICHTERLOH BRENNENDEN LEBEN.

Der Nebel, der meine Familienmitglieder umgab, hatte sich weiter herein geschlichen, und ihre Depression hatte nun den absoluten Tiefpunkt erreicht. Die Hölle war zum Frühstück gekommen und ich war derjenige, der entscheiden musste, wie er damit umging. Ähnlich wie George Washington war ich in einer Schlacht; doch ich kämpfte für die Freiheit meiner Familie und für die Wiederherstellung des Lebens, wie wir es einmal kannten. Die Veränderung war in mein Leben gekommen und bahnte sich ihren Weg, und ich blieb zurück und fragte mich erneut, ob ich das Zeug dazu hatte, dem Treuebruch eines Geliebten standzuhalten. Es war das letzte Mal, dass Heather und ich ein Zuhause teilen würden.

Wenn Sie nur ein bisschen so ticken wie ich, dann haben Sie wahrscheinlich angesichts Heathers Entscheidung ein Gefühl von Ungerechtigkeit und Ärger. Lesen Sie weiter. In den nächsten paar Kapiteln möchte ich Ihnen zeigen, wie ich den Schmerz des Verrats verarbeitet und die wahre Gerechtigkeit gefunden habe, die zum Heilwerden führt. Es ist ein Muster, das Ihnen dabei helfen kann, durch den Schmerz zu wachsen und Charakterstärke zu entwickeln. Es ist ein Gebet, das Gott gerne erhört.

Derjenige, DER DEN *Schlüssel hält*

Meine Frau ist mein Hirte … ich leide Mangel. Sie hat mir meine Macht genommen, weil ich sie ihr gegeben habe. Ich werde den Weg des geringsten Widerstands geführt, denn es gibt keinen Trost für meine Seele. Auch wenn ich durch das Tal der Todesschatten gehe, fürchte ich mich andauernd, weil sie meine Quelle ist. Ich muss ihr einen Tisch bereiten und darf keine Bedürfnisse haben, weil mein Glück von ihr abhängig ist. Ihre Worte und Berührungen trösten mich, doch nur für einen Augenblick, weil die Berührung Gottes das ist, was ich wirklich brauche. Kraftlosigkeit wird mir sicher alle Tage meines Lebens folgen, denn ich glaube, dass es in dieser Beziehung nur eine starke Person gibt, und das bin nicht ich. Leider ist meine Geschichte weit entfernt von dem ursprünglichen Meisterwerk des Psalmisten David, das über Gottes Trost und liebende Fürsorge spricht. Ich ging nicht als machtlose Person in unsere Ehe; der Prozess, in dem ich meine Macht abgegeben habe, geschah recht langsam im Verlauf unserer Beziehung. Ich erinnere mich jedoch an den Höhepunkt der Geschichte – der Tag, an dem ich erkannte, dass ich alles daran setzen musste, Heather in unserer Beziehung zu halten.

Dem falschen Meister antworten

Es war im Jahr 2004, und ich bin mir ziemlich sicher, dass es

Herbst war, denn ich erinnere mich noch an die hellgelben Blätter, die sich auf dem Gras angesammelt hatten. Heather und ich hatten an diesem Abend ein Abendessen bei unseren Freunden Amanda und Luke genossen. Nach dem Essen machten die Frauen eine Spritztour, während wir Männer zu Hause gelassen wurden um mit den Kindern zu toben – ich meine, auf die Kinder aufzupassen. Wenn Sie Eltern sind, besonders wenn Sie eine Mutter sind, dann wissen Sie, wie großartig diese langen Fahrten mit einer Freundin sein können. Ich vermutete, dass ihre verspätete Rückkehr daran lag, dass sie ihre ruhige Fahrt so genossen; es wirkte nämlich als brauchten sie ewig.

Als sie schließlich zurückkamen, fiel mir auf, dass Heather wirklich düster war – irgendetwas ging ihr offensichtlich auf den Keks. Unsere Heimfahrt war still und lang. Es war einer dieser Momente, in denen man weiß, dass das Ausbleiben von Worten mehr ausdrückt, als man wissen möchte. Irgendwann kamen wir zu Hause an und brachten die Kinder ins Bett. Als wir an diesem Abend im Bett lagen, sagte Heather, dass sie mit mir über etwas sprechen musste. Ich hatte diesen Tonfall schon öfter gehört; er bedeutete immer: „Reiß dich zusammen für das, was jetzt kommt!"

Als sie ihre Gefühle auspackte und alles, was sie durchgemacht hatte, war ich überwältigt. Sie hatte eine harte Zeit in ihrem Leben hinter sich, doch ich war unfähig zu sehen, dass sie, genauso wie eine Raupe, die sich in einen Schmetterling verwandelt, kurz vor einem Durchbruch stand. Leider war ich mir selbst zu unsicher, um mit dem umgehen zu können, wo sie gerade in ihrem Leben stand. Ich lag lange Zeit da und versuchte nur, die richtigen Worte zu finden. Ich fühlte mich machtlos, und doch wollte ich mich wirklich ins Gespräch einklinken und sichergehen, dass sie in Ordnung

kommen würde. Das dachte ich zumindest damals. Im Nachhinein kann ich jetzt sehen, dass ich eigentlich wirklich sicher
sein wollte, dass bei mir alles okay war. Ich fing an der Lüge zu
glauben, dass es mir nur gutgehen konnte, wenn ich sicher-
stellte, dass sie in Ordnung war.

Die Einzelheiten ihrer Herausforderung spielen eigentlich keine Rolle. Aber Fakt ist, dass jedes verheiratete Paar
an irgendeinem Punkt im Leben durch Herausforderungen
geht, die das Potenzial dazu haben, dass sich einer oder beide
machtlos fühlen. Das kann von einer falsch getroffenen Entscheidung her stammen, von Problemen mit den Kindern,
einer knappen finanziellen Lage oder unzähligen anderen
Szenarien. Ehe man es bemerkt, sucht man bei seinem Partner Sicherheit für die Seele, anstatt um Wegweisung und Kraft
zu bekommen auf Gott zu hören. Unsicherheit ist eigentlich
eine Sicherheit, die in der falschen Quelle verwurzelt ist. Es
reichte mir schon, Vater dreier kleiner Kinder zu sein, dass sich
mein geistiger Zustand zerbrechlich anfühlte. Es brauchte
nicht viel, dass ich Gott losließ und mich um Stabilität zu
erlangen an meine Frau klammerte.

Es kommt oft vor im Leben, dass man denkt, man wäre „angekommen", und dann findet man heraus, dass man eigentlich
überhaupt gar nichts weiß. Ich hatte schon früher die Auswirkungen von Druck erlebt. Ich hatte einige Jahre lang eine
Mannschaft von Feuerwehrleuten betreut und wäre zweimal fast umgekommen. Ich kannte die Schwere davon, mich
inmitten der Gefahr um meine Männer zu kümmern. Ich
wusste auch, was es bedeutet, für eine Familie zu sorgen. Und
trotz alledem wusste ich nichts von dieser Art von Druck. Der
Gedanke daran, dass meine Frau mich verlassen wollte, ließ es
mir buchstäblich schwindelig werden. Ich hatte das Gefühl,
ich würde von diesem Stress ohnmächtig werden. Ich musste

etwas unternehmen; ich konnte auf keinen Fall so leben. Schließlich traf ich die Entscheidung, alles Notwendige zu tun um Heather den Druck abzunehmen. Ich dachte: Wenn sie weniger Druck hätte, würde sie sich nicht so gefangen fühlen. Und wenn sie sich weniger gefangen fühlen würde, würde es ihr besser gehen. Und wenn es ihr besser gehen würde, würde bei mir alles in Ordnung kommen. Bei Heather musste alles in Ordnung kommen, sodass bei mir alles klar sein konnte. Somit begann der Prozess, in dem ich Heather die Schlüssel zu meinem Glück gab. „Meine Frau ist mein Hirte" wurde zu meinem Motto während der nächsten vier Ehejahre. Von außen gesehen (und auch aus meiner Sicht) fühlte sich alles so echt und demütig an – so christusähnlich.

„MEINE FRAU IST MEIN HIRTE" WURDE ZU MEINEM MOTTO WÄHREND DER NÄCHSTEN VIER EHEJAHRE. VON AUSSEN GESEHEN (UND AUCH AUS MEINER SICHT) FÜHLTE SICH ALLES SO ECHT UND DEMÜTIG AN — SO CHRISTUS ÄHNLICH.

Ich fühlte mich wie der geniale Ehemann, der mit wenigen oder keinen Bedürfnissen leben konnte, während er bedingungslos dienen konnte, ohne von ihr zu verlangen, dass sie sich auf irgendeine Weise beteiligte, die sie als unnötig erachtete. Ich dachte, ich wäre „Jesus" für sie, indem ich ihr die Zeit gab, die sie brauchte um zu heilen und sich zu erholen. Das einzige Problem war, dass sie zur Quelle meines Lebens geworden war.

Wahrscheinlich sollte ich hier innehalten und sagen, dass Heather dem Wind ins Auge geschaut hat. Ein paar Tage, nachdem sie mir über ihre Kämpfe erzählt hat, trafen wir uns mit Danny Silk und meinen Eltern um Hilfe zu suchen.

Innerhalb eines Jahres hat sie mutig ihren Kampf gegen Bulimie überwunden. Dennoch glaubte ich inmitten ihrer Freiheit immer noch einer Lüge, die mich gefangen hielt. Ich dachte folgendes: Wenn ich in dieser Beziehung Bedürfnisse habe, wird sie damit nicht umgehen können – und ich werde mit drei Kindern und einem gebrochenen Herzen zurückbleiben. Ich bin derjenige, der dafür verantwortlich ist, sie in dieser Beziehung zu halten, und ich bin derjenige, der ihr jeglichen Druck abnehmen muss, damit es ihr gutgeht. Ich bin die Quelle ihres Friedens und ihrer Stabilität.

Anfangs sah ich, wie es zu Heathers Genesung beitrug, dass ich mehr gab und ihr Druck abnahm, und dass es das Richtige war, das zu tun. Das Problem lag jedoch nicht darin, dass ich ihr mehr diente und weniger von ihr forderte. Das Problem war, dass mein Glaubenssystem schräg geworden war. Ich hatte eine Partnerschaft mit Furcht aufgebaut, und sie hatte mich schnell eingeholt.

Was immer Sie fürchten, es wird letztendlich zu Ihrem Herrn werden. Das ist der Prozess, in dem wir einer Täuschung erlauben, unsere Gedanken zu bestimmen. Alles beginnt damit, dass man kleine, listige Lügen unbemerkt herein schleichen lässt. Zuerst klingen sie rational – ein wesentlicher Beitrag zum Wohlbefinden unserer Person. Sie kommen in gesundem Menschenverstand gekleidet, und lassen sich in unserer Logik und unserem Verstand nieder. Doch ihre Täuschung ist tief und zerstörerisch. Ihre Worte haben nichts mit dem Vaterherz zu tun, denn sie sind nur eine Fassade des wahren Lichts. Ganze Identitäten und Weltbilder können auf Lügen aufgebaut sein. Natürlich ist das katastrophal für die Gesundheit und das Wohlergehen des Einzelnen, und es muss sofort rückgängig gemacht werden. Um diese zerstörerischen Lügen zu überwinden, müssen wir sie zunächst als Lügen erkennen. Doch weil wir uns oft nicht dessen bewusst sind, was in uns vor sich geht, kann es schwer sein zu erkennen, was uns antreibt.

Wer ist auf Ihrem „Platz Gottes"?

Psalm 23 malt ein wunderbares Bild davon, wie es aussieht, wenn wir Gott als Quelle unseres Lebens haben, der uns aus dem Tal der Todesschatten herausführt.

> *Der Herr ist mein Hirte, ich habe alles, was ich brauche. Er lässt mich in grünen Tälern ausruhen, Er führt mich zum frischen Wasser. Er gibt mir Kraft. Er zeigt mir den richtigen Weg um Seines Namens willen. Auch wenn ich durch das dunkle Tal des Todes gehe, fürchte ich mich nicht, denn Du bist an meiner Seite. Dein Stecken und Stab schützen und trösten mich. Du deckst mir einen Tisch vor den Augen meiner Feinde. Du nimmst mich als Gast auf und salbst mein Haupt mit Öl. Du überschüttest mich mit Segen. Deine Güte und Gnade begleiten mich alle Tage meines Lebens, und ich werde für immer im Hause des Herrn wohnen.*
> *Psalm 23,1-6*

Diese wenigen Verse sind eine mächtige Offenbarung dessen, was passiert, wenn Gott unser Meister und die eigentliche Quelle unserer Kraft ist. Wir werden nicht nur an einen Ort der Ruhe geführt, sondern wir werden an diesem Ort auch wiederhergestellt. Das Schöne an diesem Abschnitt ist, dass unser ganzes Leben, und sogar der Tod, abgedeckt wird. David sagt: „Auch wenn ich durch das dunkle Tal des Todes gehe, fürchte ich mich nicht, denn Du bist an meiner Seite. Dein Stecken und Stab schützen und trösten mich." Ich möchte Sie darauf aufmerksam machen, dass David nicht sagte, dass

Gott sein Hirte ist, weil Er ihm in schwierigen Situationen aus der Patsche hilft; Gott ist vielmehr in allen Umständen der Chef und die Quelle seines Lebens.

Gott ist der Hirte unseres Lebens, selbst wenn wir durch das Tal der Todesschatten gehen. Deshalb umschließt uns der Friede Gottes, während Er uns auf dem richtigen Weg führt. Wir können am besten herausfinden, wer uns führt, wenn wir einmal innehalten und unseren Alltag betrachten. Was wurde zu unserer hauptsächlichen Quelle der Wegweisung, des Schutzes, des Trostes, der Heilung und Identität? Wohin wenden wir uns täglich um unsere Bedürfnisse gestillt zu bekommen? Stellen Sie sich einmal diese Fragen. Ihre Antworten werden viel darüber preisgeben, was oder wer an Ihrem Platz Gottes steht.

Die Gefahr hierbei ist, dass es sehr einfach ist zu denken, dass Gott die Kontrolle über unser Leben hat, wenn es draußen sonnig ist und die Gänseblümchen in voller Blüte stehen. Erfolg kann unsere Sicht verdrehen, sodass wir glauben, wir hätten etwas, das wir in Wirklichkeit gar nicht haben.

ERFOLG KANN UNSERE SICHT VERDREHEN, SODASS WIR GLAUBEN, WIR HÄTTEN ETWAS, DAS WIR IN WIRKLICHKEIT GAR NICHT HABEN.

Die Geschichte der Wall Street bestätigt das. Zum Beispiel stürzen die Lehmsäulen, die unter den Füßen der Leute einst so sicher schienen, immer zu Boden, wenn der Aktienmarkt gefallen ist, und scheinbar erfolgreiche Leute bleiben verzweifelt zurück. Wenn die Schuppen des Erfolgs von unseren Augen fallen, beginnt die nackte Realität. Das Positive daran ist, dass viele Menschen in diesen Umständen zu Gott schreien. Doch nur, weil wir in unserer Verzweiflung zu Gott schreien, bedeutet das noch nicht, dass Er das Zentrum unseres Universums ist. Um genau zu sein, habe ich festgestellt, dass oft genau das Gegenteil zutrifft.

Nehmen wir den 11. September als Beispiel: Als die Twin Towers zu Boden stürzten, brachte dieser erschütternde Schlag Amerika auf die Knie. Die Leute waren wirklich zutiefst erschüttert, und in ihrer Verzweiflung schrien sie zu Gott um Hilfe. Es fühlte sich einige Wochen so an, als ob die Welt sich langsamer drehte, und Menschen in unserer ganzen Nation Dinge mit dem Herrn bereinigten, aus Angst, dass alles jetzt aufs Ende zuging. Tausende überfluteten die Altäre unserer Gemeinden; doch es dauerte nicht lange, bis der Schock nachgelassen hatte und das Leben zum Normalzustand – ohne Gott – zurückgekehrt war.

Gott wieder die Kontrolle übergeben

Wir wurden nie dazu geschaffen, ein kraftloses Volk zu sein, das dem Glück oder der Depression seiner Umgebung unterworfen ist. Die Quelle unserer Ganzheit entspringt hingegen beim Urheber persönlich. Gott ist der Einzige, der uns unabhängig von unseren Umständen Liebe und Sicherheit bieten kann. Wenn wir Gott auf den Thron unseres Lebens setzen, dann ist das keine hochkomplizierte Sache, aber es erfordert Gewissenhaftigkeit und Schritte in die richtige Richtung.

Erster Schritt: Tun Sie Buße

Der allererste Schritt dazu, Gott wieder auf den Thron unseres Lebens zu setzen, ist Buße. Das ursprüngliche griechische Wort für Buße heißt „metanoeo", was heißt, die Denkweise zu verändern. Buße entwurzelt minderwertige und falsche Denkvorgänge und ersetzt sie mit der Wahrheit. Wir müssen nicht nur darüber Buße tun, dass wir Gott von Seinem rechtmäßigen Platz in unserem Leben verbannt haben, sondern auch über die Gründe, warum wir Ihn entfernt haben.

Es ist so wichtig, dass wir an die Wurzel dessen gelangen, was die falsche Denkweise in unser Herz gebracht hat. Und daran scheitern die meisten Leute. Was sie getan haben, tut ihnen aufrichtig leid, doch weil sie keine Ahnung haben, was sie antreibt (was das Grundproblem ist), können sie ihre Handlungen und ihr Herz nicht in Übereinstimmung mit ihren Überzeugungen halten. Deshalb kehren sie erneut zu ihrem alten Denkmuster zurück.

Als ich erkannte, dass ich Heather an meinen „Platz Gottes" gestellt hatte, musste ich zurückgehen um herauszufinden, warum ich mich dazu entschieden hatte, damit ich dann wirklich Buße tun konnte.

Zweiter Schritt: Beginnen Sie das chaotische aufzuräumen

Nach der Buße (Veränderung unserer Denkweise) müssen wir oft zurückgehen und unser Durcheinander aufräumen. Viele von uns haben eine völlig falsche Auffassung darüber, was es wirklich heißt, unser Durcheinander zu beseitigen. Durch unsere Kindheitserfahrungen ist uns beigebracht worden, dass das Wort „Entschuldigung" alles in Ordnung bringt. Nichts ist weiter von der Wahrheit entfernt als das! Das Wort „Entschuldigung" macht überhaupt nichts wieder gut. Ich weiß das, weil ich drei Kinder habe. An jedem x-beliebigen Tag ist es nur eine Frage der Zeit, bis sich eines meiner Kinder einem seiner Geschwister gegenüber „nicht so toll" verhält. Für gewöhnlich ist es irgendein kurzlebiges, spontanes Aufbrausen darüber, wer im Auto in der Mitte sitzen darf, oder wer das begehrte letzte Joghurteis im Gefrierschrank bekommt. Kinder finden immer etwas, worüber sie streiten können.

Als Eltern ist man versucht, den Streit so schnell wie möglich und mit dem kleinstmöglichen Kraftaufwand zu beenden;

das Ziel ist, das Chaos auf eine erträgliche Ebene zu bringen. In unseren Bemühungen, die Ordnung wiederherzustellen, ist es wirklich leicht, irgendwie so etwas zu sagen: „Kinder, hört auf! Elijah, sag deiner Schwester, dass es dir leid tut, dass du gemein zu ihr warst, sonst kannst du den Rest des Tages auf deinem Zimmer verbringen!" Was solche Bemerkungen angeht, bin ich genauso schuldig wie jeder andere. Das Problem dabei ist: Wenn ich meinen Kindern nur sage, was sie tun oder sagen sollen, kommt es nicht von ihrem eigenen Herzen. Deshalb ist keine Entschuldigung jemals echt genug, dass sie ihr Verhalten verändert. Also ist das Problem immer noch vorhanden.

Wenn unsere Kinder ihr Verhalten ändern, dann müssen sie verstehen können, warum sie sich dazu entscheiden, respektlos zu sein. Und dann müssen sie ein anderes Verhalten wählen wollen, damit ihre Entschuldigung produktiv ist.

Bei uns ist das nicht anders. Das Ziel von Buße ist nicht, einfach nur die Worte zu sagen: „Es tut mir leid." Es geht darum, die Wurzel des Problems zu finden, sodass wir unser Verhalten ändern können.

Dritter Schritt: Denken Sie um

Es gibt viele Situationen im Leben, die schwer überwindbar erscheinen, weil es sehr viel Mut erfordert überhaupt zuzugeben, dass es ein Problem gibt. Wir haben alle schon Leute getroffen, bei denen der sprichwörtliche Elefant im Wohnzimmer steht. Diese Leute nehmen den Elefanten – ihre innere Welt – nicht wahr, aber sind normalerweise sehr gut darin, auf den Elefanten im Wohnzimmer anderer hinzuweisen.

Um die Metapher ein wenig zu verändern: Diese Leute sind Vampir-Opfer. Die Opfermentalität ist eine der tödlichsten

Denkweisen, weil es einem Opfer völlig unmöglich ist, sein Umfeld zu verändern. Opfer verbringen unglaublich viel Zeit damit, allen anderen das Leben auszusaugen, weil sie in einem machtlosen Gemütszustand leben. Opfer glauben, dass sich ihre äußere Welt verändern muss, damit sie in Ordnung kommen. Weil ein Opfer innerlich so außer Kontrolle geraten ist, empfindet es ein enormes Bedürfnis, alle anderen zu kontrollieren.

Machtlosigkeit ist der Prozess, in dem man sein Eigentumsrecht abgibt und jemand anderen oder etwas anderes dazu bevollmächtigt, sein alleiniger Entscheidungsträger zu sein. Man kann nichts reparieren, von dem man nicht selbst Besitz ergreifen will. Das ist schlichtweg unmöglich. Seine Entscheidungen und Probleme zu seinen eigenen zu machen, ist der einzige Weg, eine gesunde Person zu werden. Egal, was Sie angefangen haben zu glauben, Sie sind verantwortlich für Ihr Leben und Ihr Handeln! Wenn Sie dieses Recht an jemand anderen abgeben, dann entmachten Sie sich selbst.

Kürzlich beriet ich ein Paar, das die Opfermentalität verkörperte. Ihr Hilfeschrei kam in Form eines Facebook-Chats. Ich setzte mich mit meinem Freund Jim hin und fing an festzustellen, was hier vor sich ging. Er brauchte nicht lange um mir zu erzählen, dass es unmöglich war, seiner Frau Sarah zu gefallen. Sie war ein schwarzes Loch, das niemand füllen konnte; und schlimmer noch, sie war eine Nörglerin. Sie hatte keinen Respekt für seine Grenzen, besonders wenn sich ihre Diskussionen in Streit verwandelten. Das führte meistens dazu, dass Jim Löcher in die Wand schlug oder Gegenstände zertrümmerte.

„Sie lässt mich dann nicht einmal aus dem Zimmer gehen oder etwas nachdenken; sie verfolgt mich immer weiter", beschwerte sich Jim. „Sarah kontrolliert mich total!"

Mein erster Gedanke war: Oh wow! Ich bin so froh, dass ich nicht in seiner Haut stecke! Nachdem ich ihm Zeit gegeben habe zu reden und Dampf abzulassen, begann ich, ihm einige direkte Fragen über sich selbst zu stellen. Als erstes fragte ich ihn, was er getan hatte, um an der Beziehung mit seiner Frau zu arbeiten.

Es folgte eine lange Pause mit einem Seufzer: „Hm, ich schätze mal, dass ich jetzt hier bin ...“

„Okay“, sagte ich. „Hast du dieses Treffen in die Wege geleitet oder Sarah?“ (Ich kannte schon die Antwort auf diese Frage, doch ich wollte wirklich, dass Jim selbst auch die Antwort wusste.)

„Äh, sie“, gab er zu.

Um diesen Gedankengang weiterzuführen, fragte ich: „Wo hast du dich hingewendet um Hilfe in eurer Beziehung zu bekommen?“

Nachdem er kurz nachgedacht hatte, antwortete Jim: „Nun ja, ich spreche manchmal mit meiner Mutter. Meine Mutter hat es eigentlich herausgefunden, weil Sarah sie angerufen hat. Sie ruft normalerweise meine Eltern an, wenn es bei uns kracht.“

An diesem Punkt begann ich, ein Muster in Jims Leben zu sehen. Als ich mit den Fragen weitermachte, fand ich heraus, dass Jim mit niemandem über seine Ehe redete, auch nicht mit seinem besten Freund. Um noch eins draufzusetzen: Als ich ihn fragte, was er machte um Schmerz und Frustration loszuwerden, antwortete er: „Ich versuche normalerweise einfach, es zu vergessen.“

Man muss kein Psychiater sein um festzustellen, dass Jims Plan, seine Frustration zu ignorieren und seinen Schmerz zu ersticken, nicht aufging! Dieser Mann schlug Löcher in die Wand und schmiss Tische im Haus um.

Ich sagte: „Jim, es sieht nicht so aus, als hätte dein Plan bisher sonderlich gut funktioniert. Was hast du getan um der Liebessprache deiner Frau entgegenzukommen?" (Ich bezog mich dabei auf Dr. Gary Chapmans Forschungen über die fünf grundlegenden Arten, Liebe auszudrücken und zu interpretieren: Lob und Anerkennung, Zweisamkeit, Geschenke, Hilfsbereitschaft und Zärtlichkeit.)

MAN MUSS KEIN PSYCHIATER SEIN UM FEST-ZUSTELLEN, DASS JIMS PLAN, SEINE FRUSTRA-TION ZU IGNORIEREN UND SEINEN SCHMERZ ZU ERSTICKEN, NICHT AUFGING! DIESER MANN SCHLUG LÖCHER IN DIE WAND UND SCHMISS TISCHE IM HAUS UM.

Verärgert antwortete Jim: „Egal, was ich versuche, ich scheine nie ihren Bedürfnissen zu genügen. In letzter Zeit war ich ziemlich frustriert über meine Versuche, Sarahs Bedürfnisse zu stillen. Es scheint mir ziemlich hoffnungslos." An seinem Tonfall konnte man hören, wie genervt er innerlich war.
„Jim, was wirst du mit eurer Ehe machen?"
„Ich weiß es nicht. Ich wünschte, es wäre nicht so chaotisch und schwierig mit Sarah zusammenzuleben", sagte er.
Es war an der Zeit, dass ich ihm etwas Rückmeldung gab.
„Jim, ich habe nicht das Gefühl, dass sie wirklich das alleinige Problem ist. Du hast sie dafür verantwortlich gemacht, Hilfe für dich zu beschaffen. Sie ist diejenige, die den Kontakt mit deinen Eltern und auch mit mir herstellt. Du hast überhaupt nichts aktiv für eure Beziehung getan, außer den Dingen, mit denen sie dich jagt. Und du weißt überhaupt nicht, wie du mit dem Schmerz und der Frustration umgehen sollst, dass du nicht erfolgreich bist. Und letztendlich glaubst du immer noch, dass sie das einzige Problem in der Beziehung ist. Es

erstaunt mich nicht, dass sie an dir herummeckert, Jim. Nur so bist du bisher in dieser Beziehung zu etwas motiviert worden. Du hast ihr die Macht gegeben, deine Mutter zu sein." Ich konnte sehen, wie die Glühlampe in seinem Gehirn explodierte. Zum ersten Mal seit einer langen Zeit begann Jim zu erkennen, dass er seine Macht an seine Frau abgegeben hatte. Sie war für die Gesundheit ihrer Beziehung verantwortlich gemacht worden. Solange er dieses Glaubenssystem aufrecht erhielt, würde er immer machtlos bleiben, etwas an dem zu ändern, was in ihm vor sich ging.

So viele Menschen sind wie Jim. Sie schaffen sich ein Glaubenssystem, das ihnen sagt, sie seien nicht verantwortlich für den Zustand ihres eigenen Lebens. Es ist weniger schmerzhaft zu glauben, dass alle anderen an ihren Problemen schuld sind. Als ich anfangs mit Jim gesprochen habe, hatte er seine Beziehung schon aufgegeben. Er sagte zu seiner Frau, dass er eine Scheidung in Betracht zog, weil sie ihn unglücklich machte. Was Jim nicht erkannte: Wenn er sich weniger darum kümmern würde, was Sarah tut und sich stattdessen mehr damit beschäftigte, was er tun sollte, könnte er eigentlich den Großteil seiner Probleme lösen. Jim hatte jedoch nie persönlich die Verantwortung für sein Leben und seine Ehe übernommen, deshalb war er immer frustriert und überfordert, weil sein Friede und sein Glück seiner Frau ausgeliefert waren.

SIE SCHAFFEN SICH EIN GLAUBENSSYSTEM, DAS IHNEN SAGT, SIE SEIEN NICHT VERANTWORTLICH FÜR DEN ZUSTAND IHRES EIGENEN LEBENS. ES IST WENIGER SCHMERZHAFT ZU GLAUBEN, DASS ALLE ANDEREN AN IHREN PROBLEMEN SCHULD SIND.

Als Jim erkannte, dass er seine ganze Macht weggegeben hatte, konnte er für seine Opfermentalität Buße tun. Er konnte nun herausfinden, wie er seine Kraft zurückbekommen und wie es ist, seine Frau zu lieben . Heute ist Jim kein Opfer mehr, und seine Ehe blüht auf!

Ich habe immer gesagt: Wenn ein Problem einmal zu 100 Prozent mein Fehler ist, ist das ein guter Tag! Alles, was meine Schuld ist, kann ich richten. Aber ich kann nichts in Ordnung bringen, was ich nicht unter Kontrolle habe.

Der Tag, an dem Sie die Verantwortung für Ihr Leben übernehmen, ist der Tag, an dem Sie anfangen, wieder die Kontrolle zu bekommen.

Vierter Schritt: Setzen Sie gesunde Grenzen

Einer der größten Aspekte, wenn man sein Leben unter Kontrolle hat, ist die Fähigkeit, gesunde Grenzen im Umgang mit Menschen zu setzen. In Sprüche 25,28 steht: „Ein Mensch ohne Selbstbeherrschung ist so schutzlos wie eine Stadt mit eingerissenen Mauern." Die Person, der es an der Fähigkeit fehlt, Grenzen zu setzen, wird am Ende wie eine zerfallene, geplünderte Stadt sein. Eine Stadt ohne Abwehr wird geplündert und hat nichts mehr Wertvolles zu bieten.

Persönliche Grenzen sind wie die Schutzmauer einer alten Stadt. Der Zweck gute Grenzen zu haben liegt darin, sich selbst zu schützen und zu ernähren, sodass man gesunde Beziehungen mit anderen unterhalten kann. Ohne die Fähigkeit sich selbst zu schützen haben Sie auch keine Möglichkeit, irgendjemand anderem in Ihrem Leben Schutz zu bieten.

Man errichtet gesunde Grenzen, indem man nach und nach seine eigenen Werte und Bedürfnisse definiert und diese dann den Menschen gegenüber kommuniziert, mit denen man in Beziehungen steht.

Wenn Sie Ihre Grenzen Leuten gegenüber formulieren, haben diese die Möglichkeit, Ihre Bedürfnisse und Werte zu respektieren und die Beziehung zu bewahren. Und wenn sie das schätzen und schützen, was Ihnen wichtig ist, blüht die Beziehung auf. Das ist der Prozess, der Vertrauen zwischen Ihnen und anderen aufbaut.

Ein weiterer großer Aspekt von Grenzen ist die Fähigkeit, anderen mitzuteilen, was Sie tun können/werden und was nicht. Sie haben das Recht und die Fähigkeit dazu, für eine gesunde Beziehung anderen gegenüber Grenzen zu setzen. Es gibt keine gesunden Beziehungen ohne gesunde Grenzen. Eine Sache, die uns allen bewusst sein muss, wenn wir Grenzen setzen, ist, dass das vorrangige Ziel sein sollte, stärkere und tiefere Beziehungen mit Menschen zu bauen. Ja, Grenzen halten auch manche Menschen fern von Beziehungen zu uns, wenn sie sich weigern, diese Grenzen zu respektieren. Doch das Hauptziel damit, dass wir Leuten sagen, was wir brauchen und wie wir uns fühlen, ist, dass sie die Dinge tun können, die eine gesunde Beziehung zu uns erhalten – nicht dass wir einen guten Grund haben, sie von unserer Freundeliste zu streichen.

Mächtige Menschen wissen, was sie brauchen und was sie tun. Sie können Grenzen setzen, weil sie glauben, dass kein anderer für sie verantwortlich ist. Unabhängig von der Situation können sie immer noch mächtig sein und ihre Reaktionen bestimmen, weil niemand außer Gott die Kontrolle über ihre Zukunft hat. Als ich verstand, wie sich diese Wahrheit auf Heather bezog, war das ein Wendepunkt in meiner Fähigkeit, der Zukunft mit Frieden entgegenzugehen. Doch ich musste immer noch mein Gefühl der Ungerechtigkeit in dem Ganzen loswerden.

Kapitel 4

DER *Gerechtigkeit gedient*

An dem Tag, an dem Heather durch die Tür und aus meinem Leben gegangen ist, habe ich alles wie durch Nebel hindurch erlebt. Das blutende Herz in mir schrie nach Gerechtigkeit. Immerhin war ich ja nicht der Einzige, der den Schmerz über ihre Selbstsucht zu tragen hatte. Die Herzen meiner Kinder sind in tausend winzige Stücke zersprungen. Worte sind kein echter Trost für Kinder, die dabei zusehen, wie ihre Mutter für immer das Haus verlässt.

Wir vergessen bei Sünde oft, dass ihre Konsequenz mehrere Personen betrifft, nicht nur denjenigen, der sie begeht. Es ist meistens so, dass diejenigen, die nur wenig oder gar keine Verantwortung in der Angelegenheit tragen, am meisten darunter leiden; besonders die, die wir am meisten lieben. Meine Kinder waren da keine Ausnahme. Ich konnte mir gut vorstellen, dass ich es fertigbringen würde, von diesem Desaster davonzulaufen und Heather und ihren Freund nie wieder sehen zu müssen. Doch ich würde den Rest meines Lebens damit verbringen, meine Kinder mit der Person zusammen zu erziehen, die mich am meisten verletzt hat. Und ich würde meine Kinder mit ihrem Freund teilen müssen – mal ganz davon zu schweigen, dass er seine eigene Familie zerstört hat um mit meiner Frau und meinen Kindern zusammen zu sein. Es schien mir, als gäbe es nichts Ungerechteres auf der Welt als den Verrat einer Ehe.

Eine Veränderung des Herzens

Als die Tage vergingen, fing ich an, darüber nachzudenken und niederzuschreiben, was wahre Gerechtigkeit ist. Was es auch sein mochte, ich wusste, dass ich es für mich und meine Kinder haben musste. Meine Seele schmerzte bei dem Gedanken daran, was meine Kinder durchmachten, und dass sie das nicht verdient hatten – und ich auch nicht. Als ich begann, der Wahrheit auf den Grund zu gehen, fing ich an zu verstehen, dass Gerechtigkeit etwas völlig anderes war als das, was mein Instinkt mir sagte.

ALS ICH BEGANN, DER WAHRHEIT AUF DEN GRUND ZU GEHEN, FING ICH AN ZU VERSTEHEN, DASS GERECHTIGKEIT ETWAS VÖLLIG ANDERES WAR ALS DAS, WAS MEIN INSTINKT MIR SAGTE.

Ich sah mich oft als einen Cowboy in einem alten Western, der bei einem Duell Gerechtigkeit mit einem Colt ausübt. Es gab viele Tage, an denen ich alles getan hätte um einen Ausgleich zu schaffen; und doch wusste ich, dass zweimal minus niemals plus ergeben würde. Und außerdem: Wenn ich Heather und ihren Freund bestrafen würde um Rache zu üben, wäre mein Handeln genauso selbstsüchtig wie ihres. Meine Kinder wären automatisch diejenigen, die am meisten unter dem destruktiven Verhalten zu leiden hätten. Ich benötigte wirklich eine Lösung, die diese ganze Situation verbesserte. Ich musste nicht noch Benzin auf das ohnehin schon lodernde Feuer schütten.

Meine gesamte Welt schien an den Antworten auf zwei Fragen zu hängen: Was ist wahre Gerechtigkeit? Wie bekomme ich sie? Ich begann über meine eigenen Versäumnisse nachzudenken. Ich lag bis spät in die Nacht wach und dachte darüber nach, wie meine nachlässigen Entscheidungen einen Mann Sein Leben gekostet hatten. Ich hatte das nicht geplant und würde es auch nie wieder absichtlich tun. Aber Tatsache ist, dass meine Sünde die Nägel durch Jesu Fleisch und Knochen getrieben hat, und meine Selbstsucht hat Seine Seite durchbohrt. Als ob das nicht schon genug wäre: Mein Bedürfnis nach Annahme hat Seinen Rücken mit der Lederpeitsche aufgerissen.

Wir sind alle schuld an Seiner Ermordung, jeder einzelne von uns. Weil wir unfähig sind, ein sündloses Leben zu führen, gab Gott Seinen einzigen Sohn, um für unsere Dummheit und unsere Unfähigkeit richtig zu leben, zu bezahlen.

Gott hat die Welt ursprünglich so gemacht, dass wir in einer wunderbaren Beziehung mit Ihm leben. Er schuf uns als Seine Söhne und Töchter und wollte, dass wir ewig mit Ihm zusammenleben. Das einzige, das uns von unserem rechtmäßigen Platz bei Jesus trennen konnte, war Sünde. Sünde ist unser Erzfeind, weil sie unser Leben vernichtet und unsere Beziehung zu Gott zerstört.

Jesaja malt ein schönes Bild davon, was Christus durchgemacht hat um unsere Sünden zu vergeben und uns mit Gott zu versöhnen:

Wer hat unserer Botschaft geglaubt? Wem wurde der mächtige Arm des Herrn offenbart? Er wuchs vor Ihm auf wie ein Spross; Er entsprang wie eine Wurzel aus trockenem, unfruchtbarem Land. Sein Äußeres war weder schön noch majestätisch, Er hatte nichts Gewinnendes, das uns gefallen hätte. Er wurde verachtet und von den Menschen abgelehnt – ein Mann der Schmerzen, mit Krankheit vertraut, jemand, vor dem man sein Gesicht verbirgt. Er war verachtet und bedeutete uns nichts. Dennoch: Er nahm unsere Krank-

heiten auf sich und trug unsere Schmerzen. Und wir dachten,
Er wäre von Gott geächtet, geschlagen und erniedrigt! Doch
wegen unserer Vergehen wurde Er durchbohrt, wegen unse-
rer Übertretungen zerschlagen. Er wurde gestraft, damit wir
Frieden haben. Durch Seine Wunden wurden wir geheilt!
Wir alle gingen in die Irre wie Schafe. Jeder ging seinen eige-
nen Weg. Doch Ihn ließ der Herr die Schuld von uns allen
treffen. Er wurde misshandelt und niedergedrückt und gab
keinen Laut von sich. Wie ein Lamm, das zum Schlach-
ten geführt wird, und wie ein Schaf vor seinem Scherer ver-
stummt, so machte auch Er den Mund nicht auf. Er wurde
aus der Haft und dem Gericht genommen, aber wen aus Sei-
nem Volk stimmte es nachdenklich, dass Er aus den Leben-
den gerissen und wegen der Vergehen meines Volkes geschla-
gen wurde? Durch Hass und Gericht wurde Er dahinge-
rafft. Doch Seine Zeitgenossen dachten darüber nicht nach.
Er wurde den Lebenden entrissen und starb für die Sünden
meines Volkes. Zwar wies man Ihm ein Grab unter Sün-
dern zu, doch wurde Er in das Grab eines reichen Mannes
gelegt, weil Er kein Unrecht getan hatte und kein Betrüger
war. Doch es war der Wille des Herrn, Ihn leiden zu las-
sen und zu vernichten. Wenn Sein Leben jedoch als Opfer
für die Sünde dargebracht wird, wird Er viele Nachfolger
haben. Er wird lange leben und die Absichten des Herrn
werden durch Seine Hand gedeihen. Weil Seine Seele sich
abgemüht hat, wird Er sich dann an dem, was Er zu sehen
bekommt, erfreuen. Durch Seine Erkenntnis wird mein
gerechter Diener Gerechtigkeit für viele erwirken, denn Er
wird ihre Sünden auf sich nehmen. Deshalb werde ich Ihm
seinen Anteil unter den Großen geben; mit Mächtigen wird
Er Beute teilen, denn Er hat sein Leben geopfert und sich
zu den Sündern zählen lassen. Tatsächlich aber hat Er die

Sünden vieler getragen und ist für die Sünder eingetreten.
Jesaja 53,1-12

An dem Tag, an dem Jesus für unsere Sünden zerbrochen
wurde, offenbarte Er die Bedeutung wahrer Gerechtigkeit.
Gerechtigkeit lag nicht mehr in der Rache, sondern in der
Vergebung. Jesus starb, damit uns vergeben werden konnte.
Deshalb ist Unversöhnlichkeit zur Ungerechtigkeit gewor-
den, weil ein Mangel an Vergebung zunichte macht, was
Christus mit Seinem eigenen Blut für uns bezahlt hat.
Es gibt keine Gerechtigkeit in einem zerbrochenen Leben!
Diese Offenbarung hat mich im Kern erschüttert, als ich
anfing, meine Umstände anders zu betrachten. Als ich Vergebung brauchte, gab Jesus sie mir! Ich verstand zum ersten
Mal, dass ich in dieser Beziehung nur Gerechtigkeit bekommen würde, wenn ich dafür betete, dass Heathers Familie das
bekam, wofür Jesus bezahlt hatte. Und meine Kinder konnten
in diesem Durcheinander nur gewinnen, wenn ihre Mutter
eine heile Person wurde. Nachdem ich die Wahrheit einmal
erkannt hatte, ließ der Drang, sie für ihr Handeln zu bestrafen, langsam nach. Ich lag nachts nicht mehr wach und dachte
über Möglichkeiten nach, wie ich sie bestrafen konnte, sondern ich begann, für ihre Gesundheit und ihr Wohlbefinden
zu kämpfen.

AN DEM TAG, AN DEM JESUS FÜR UNSERE SÜN-
DEN ZERBROCHEN WURDE, OFFENBARTE ER DIE
BEDEUTUNG WAHRER GERECHTIGKEIT. GE-
RECHTIGKEIT LAG NICHT MEHR IN DER RACHE,
SONDERN IN DER VERGEBUNG.

Und das ist Gerechtigkeit

Über die Jahre hinweg habe ich mit buchstäblich hunderten von Menschen gearbeitet, die irgendeiner Art von Missbrauch zum Opfer gefallen waren. In meiner Arbeit ist es nichts Außergewöhnliches, jemandem in wöchentlichen Treffen zu helfen, der vergewaltigt wurde, betrogen, verbal missbraucht, belogen oder alles zusammen. Wie Sie sich wahrscheinlich vorstellen können, kann es sich furchtbar zerstörerisch auswirken, wenn man eines dieser Dinge erlebt. Doch was bei einem Missbrauch am meisten zerstört, ist, wenn jemand in die Rolle des „Vollstreckers" schlüpft um Gerechtigkeit zu erlangen.

Der „Vollstrecker" ist ein hartherziger Zuchtmeister, der von Bitterkeit und Zorn getrieben ist. Sein oder ihr destruktives Handeln wird durch ein überwältigendes Gefühl von Ungerechtigkeit und dem Bedürfnis nach Vergeltung gerechtfertigt. Obwohl die Person nicht von Natur aus böse ist, wurde sie getäuscht, jetzt zu glauben, dass die Frucht von Rache irgendwie Friede sein würde. Ich weiß, dass das nur schwer zu schlucken ist, besonders wenn man falsch behandelt wurde; aber das ist die Wahrheit: Egal, aus welchem Grund Sie Bitterkeit und Hass zu Ihren besten Freunden gemacht haben; wenn Sie sie lange genug mit sich herumtragen, werden sie Sie irgendwann von innen her auffressen.

EGAL, AUS WELCHEM GRUND SIE BITTERKEIT UND HASS ZU IHREN BESTEN FREUNDEN GEMACHT HABEN; WENN SIE SIE LANGE GENUG MIT SICH HERUMTRAGEN, WERDEN SIE SIE IRGENDWANN VON INNEN HER AUFFRESSEN.

Wenn Sie als Kind die Sonntagsschule besucht haben, dann erinnern Sie sich wahrscheinlich an das Gleichnis, in dem

Jesus dieses Prinzip von Vergebung und dem Mangel an Vergebung beschreibt. In diesem Gleichnis vom uneinsichtigen Diener, das in Matthäus 18,21-35 steht, erzählt Jesus von einem König, der mit seinen Dienern die Rechnungen begleichen wollte. Am Anfang wurde ein Diener zu ihm gebracht, der ihm weitaus mehr schuldete, als er jemals zurückzahlen konnte. Als der König das verstand, befahl er, den Diener, seine Frau und seine Kinder zur Bezahlung der Schulden zu verkaufen. Als der Diener das hörte, fiel er auf die Knie und flehte um Gnade: „Herr, hab Geduld mit mir, ich werde alles zurückzahlen!" In diesem Augenblick wurde der König so von Mitleid gepackt, dass er dem Diener alle seine Schulden erließ.

Einige Zeit später traf eben dieser Diener einen anderen Diener, der ihm nur ein paar Dollar schuldig war. Er schnappte sich den Mann, packte ihn bei der Kehle und sagte: „Bezahle deine Schulden!" Der andere Diener fiel ihm vor die Füße und bettelte: „Hab Geduld mit mir, ich werde dir alles zurückzahlen!" Der erste Diener hatte keine Geduld und ließ den zweiten Diener, der ihm das Geld schuldete, ins Gefängnis werfen.

Als die anderen Diener sahen, was er getan hatte, kamen sie zu ihrem Herrn und erzählten ihm alles, was passiert war. Der Herr wurde zornig und rief diesen Diener wieder zu sich. „Du böser Diener!", sagte er. „Ich habe dir alle Schulden vergeben, weil du mich angefleht hast, das zu tun. Solltest du da nicht auch deinem Mitdiener gegenüber Gnade walten lassen, so wie ich es dir gegenüber getan habe?" Der Herr übergab den Diener den Kerkermeistern, damit sie ihn folterten, bis er alles zurückzahlen konnte, was er dem Herrn schuldete. Wünschten Sie nicht auch, das Gleichnis würde hier enden? Doch Jesus wirft noch eine letzte kleine Zeile ein, die die ganze Geschichte so relevant macht: „Genauso wird mein Vater im Himmel mit euch verfahren, wenn ihr euch weigert, euren Brüdern und Schwestern zu vergeben." (Matthäus 18,35)

Das Prinzip in diesem Gleichnis ist abgrundtief einfach: Wenn Ihnen mehr vergeben wurde, als Sie je hätten zurückzahlen können, wird von Ihnen erwartet auf die gleiche Art und Weise zu vergeben. Sollte es vorkommen, dass Sie vergessen, was Ihnen so selbstlos geschenkt wurde, wird Ihre Selbstsucht in den Armen der Peiniger ihren Platz finden. Wir können unmöglich als der Vollstrecker agieren und in Gottes Reich leben – aufgrund dessen, was Christus für uns am Kreuz getan hat und aufgrund des Dienstes, den Er uns gegeben hat, nämlich dass Sein Wesen durch uns lebt, sodass andere zu Ihm hingezogen werden, oder wie die Schrift es nennt, mit Ihm „versöhnt". Das funktioniert einfach nicht!

Paulus lehrt uns in 2. Korinther 5,17, dass wir in Christus neue Schöpfungen sind. Er erklärt uns weiter, dass Gott uns mit sich selbst versöhnt hat, indem Er uns unsere Sünden nicht angerechnet hat (Vers 19). Dann erinnert er uns daran, dass wir den Dienst der Versöhnung übertragen bekommen haben. Wenn man diesen Abschnitt auseinandernimmt, beginnt man zu verstehen, dass unser Dienst als Gläubige nicht darin besteht, die Welt von ihren Sünden zu überzeugen. Wir sollten hingegen dabei helfen, die Welt mit Christus zu versöhnen, indem wir den Menschen ihre Sünden nicht vorhalten. Die Gerechtigkeit, die wir brauchen, wenn uns Unrecht getan wurde, bekommen wir, wenn wir dabei helfen, die Welt wieder mit Jesus zu versöhnen.

Es gibt keine Gerechtigkeit in einem zerbrochenen Leben. Wahre Gerechtigkeit gibt es nur, wenn jeder Einzelne das bekommt, wofür Christus am Kreuz bezahlt hat.

Kapitel 5

DIE *Früchte* HARTER *Zeiten*

Die schönen Dinge des Lebens verstecken sich so oft gerade etwas über unserer Belastungsgrenze. Die Tatsache, dass Sie dieses Buch lesen, verrät mir, dass Sie wahrscheinlich etwas von dem verstehen, wovon ich rede. Es liegt ein Segen darin, uns durch harte Zeiten hindurch zu kämpfen, denn die Straße zur Heilung führt uns über den Weg der Ausdauer. In herausfordernden Zeiten ist es entscheidend, die richtige Einstellung zu haben, sodass wir siegreich am anderen Ende der Versuchung ankommen können.

Durch die Erwartungshaltung unserer Kultur in diesem Informationszeitalter nach sofortiger Befriedigung wurden wir des Verständnisses des Segens der Ausdauer und der Lehre von Saat und Ernte beraubt. Lassen Sie uns also ein paar Seiten lang zwei völlig unterschiedliche Sichtweisen des Lebens betrachten, die entweder den Weg zu einer gesegneten Zukunft repräsentieren, oder aber den Weg, auf dem man immer darum kämpft, eine Verbesserung zu sehen.

Versuchen wir die Schätze zu heben, die so notwendig sind für Heilung und Segen in unserem persönlichen Leben. Die Prinzipien in diesem Kapitel haben mir dabei geholfen, über meine schmerzhafte Situation hinweg zu kommen und die Verheißung zu empfangen, dass Probleme uns auch etwas bringen sollen.

Denken Sie an den Bauern

Die Mühen des Pflügens! Aber oh, der Lohn der Ernte! Die Hände des Bauern sind von aufgesprungenen Blasen bedeckt, während er den von der Hitze ausgetrockneten Boden auflockert. Er wird von der sengenden Sonne niedergedrückt, und er kann der heißen, staubigen Luft, die seine Arbeit hervorbringt, nicht entkommen. Er arbeitet unermüdlich von Sonnenaufgang bis Sonnenuntergang, tagein tagaus, um etwas zu erzeugen, das er noch monatelang nicht genießen kann. Die Arbeit ist unendlich ermüdend und aufreibend. Und den harten Boden aufzulockern ist erst der erste Schritt in diesem langen Prozess der Aussaat der Samen. Die Früchte der harten Zeiten tragen ihn durch die guten Zeiten. Die Früchte, die er mit Mühe erzeugt hat, bringen übrigens die angenehmen Zeiten in seiner nahen Zukunft erst hervor. Der Bauer versteht dieses Prinzip; er kennt es, weil dieser Kerngedanke ihm von seinen Vorfahren weitergegeben wurde. Er macht sich keine Sorgen über den Preis, den er jetzt bezahlt, oder gar dass die Saat nicht wächst. Er macht seine Arbeit gewissenhaft, weil er genau weiß, dass das, was er heute pflanzt, morgen wächst. Die vorangegangenen Generationen haben ihm den Glauben weitergegeben, von dem aus er jetzt handelt. Und die Erfahrung hat ihm die Zuversicht für die Arbeit gegeben, weil er weiß, dass es nicht umsonst sein wird.

Nicht alle Menschen haben die Voraussicht des Bauern, wenn sie mit den Nöten des Lebens kämpfen. Doch ohne diesen Blick geht man pleite, wie der faule Mann. Schauen wir uns einmal den Lebensstil des Mannes an, der diese Prinzipien nicht versteht, dass man jetzt sät um später zu ernten.

Der faule Mann

Dem faulen Mann fehlt es an einer Vision. Er kann nicht auf Generationen von Weisheit zurückgreifen. Er schläft in der Hitze des Tages, weil er glaubt, dass harte Arbeit in der Sonne nur eines hervorbringt, nämlich Blasen und einen Hitzeschlag. Er erwartet keine guten Zeiten oder Reichtümer für die Zukunft. Eigentlich kümmert er sich gar nicht um die Zukunft, weil er zu sehr damit beschäftigt ist, den heutigen Tag mit dem kleinstmöglichen Aufwand zu überleben. Diesem Mann wurde nicht das Geheimnis der harten Zeiten beigebracht; er kennt nur die Strafen, die die harte Arbeit austeilt. Sein Weltbild rechtfertigt seinen Lebensstil; er bettelt sich lieber durch den Winter, als im Frühling etwas zu investieren. Ein Mann mit dieser Mentalität wird niemals erfüllt sein. Er geht in einem Zustand geistlicher und emotionaler Blutarmut umher und würde sterben, um das zu bekommen, was andere haben. Die Krisen verfolgen ihn wie ein Steuereintreiber Schuldner verfolgt. Ich rede nicht von den Hungrigen, die von dem säen, was sie bekommen. Ich rede von dem faulen Mann, der keine Vision fürs Säen hat. Um ehrlich zu sein, haben viele von uns einen Bereich in unserem Leben, der wie die Sichtweise des faulen Mannes ist. Es spiegelt vielleicht nicht unser gesamtes Leben wider, aber einen Bereich.

UM EHRLICH ZU SEIN, HABEN VIELE VON UNS EINEN BEREICH IN UNSEREM LEBEN, DER WIE DIE SICHTWEISE DES FAULEN MANNES IST. ES SPIEGELT VIELLEICHT NICHT UNSER GESAMTES LEBEN WIDER, ABER EINEN BEREICH.

Die „Armutsmentalität" hat die Gemüter unserer Generation umgetrieben. Das verhält sich oft wie eine erbliche Krankheit, die im Familienstammbaum weitergegeben wurde. Von einer

Generation zur anderen macht sie ganze Familien deprimiert und unfähig, ihr volles Potenzial auszuschöpfen. Die Armutsmentalität sagt: „Es gibt nie genug. Egal, was ich auch tue, ich werde immer so sein." Sie sagt auch solche Dinge: „Wenn es mir nur so gut ginge wie allen anderen, würde ich etwas aus mir machen." Diese erschöpfte Mentalität ist ein Gefängnis der Hoffnungslosigkeit. Wenn sie einmal richtig in Gang gekommen ist, werden ihre Opfer völlig unmotiviert und visionslos.

Auf lange Sicht sehen

Reden wir nochmal über den Bauern und schauen uns seine Lebenseinstellung an. Ich glaube, dass wir dadurch einige praktische Schritte ausfindig machen können, um die Armutsgedanken zu überwinden und die Früchte der harten Zeiten zu ergreifen.

Schritt 1: Säen Sie mit Tränen der Freude!

In Psalm 126,5 heißt es: „Die mit Tränen säen, werden mit Jubel ernten." Diese Schriftstelle vermittelt ein Bild von dem, was passiert, wenn ein Bauer in der harten Jahreszeit pflanzt. Im Zeitalter des Ackerbaus fiel der Jahresertrag bestenfalls mager aus, wenn die Niederschläge ausblieben und die Ernte aufhörte zu wachsen. Oftmals gab es nicht genug Saat von der Ernte des Vorjahres, um voll auszusäen und die Familie zu ernähren. Deshalb steckten der Bauer und seine Familie in einem Dilemma: Sollten sie die Saat, die sie zum Pflanzen brauchten, jetzt essen und damit dem Verhungern entgehen? Oder sollten sie nichts essen und die Samen aussäen, um im nächsten Jahr eine Ernte zu bekommen?

Ohne Vision würde dieser Bauer dem Knurren in seinem Magen nachgeben und sich selbst in die Armut essen! In diesem Abschnitt kann man sehen, dass der Bauer eine weiterreichende Vision hatte. Dieser Bauer säte Samen mit Tränen der Freude, weil er beim Pflanzen der Saat sowohl den Hunger seiner Familie als auch die Ernte sah, die den Armutskreislauf durchbrechen würde.

> Dieser Bauer säte Samen mit Tränen der Freude, weil er beim Pflanzen der Saat sowohl den Hunger seiner Familie als auch die Ernte sah, die den Armutskreislauf durchbrechen würde.

Manche Leute stecken in einer konstanten Abwärtsspirale des Lebens fest. Ihr täglicher Fokus hat sich langsam davon wegbewegt, etwas in der Welt zu bewirken, hin dazu, dem Hungertod zu entkommen. In diese Mentalität kann man leicht verfallen.

Faulheit (Mangel an Vision) kann sich in alle Bereiche des Lebens einschleichen und langsam zu Selbstgefälligkeit führen. Ohne Vision geben Sie sich am Ende mit einer warmen Mahlzeit zufrieden, statt eines bepflanzten Feldes, das irgendwann eine reiche Ernte einbringt. Erfolg wird auf einen vollen Bauch und ein warmes Bett in der Nacht reduziert. Weil Sie keine Saat ausgesät haben, gibt es in der Zukunft keine Ernte. Sie haben jeden Bissen der Saat aufgegessen um jetzt Ihr Leben zu erhalten.

Wenn Sie diesen Kreislauf durchbrechen wollen, müssen Sie dieses Prinzip verstehen: Sie müssen immer in der Gegenwart etwas opfern um eine bessere Zukunft zu haben.

Schritt 2: Heute ist es soweit!

Benjamin Franklin sagte: „Verschiebe nie auf morgen, was du heute kannst besorgen." Heute ist es soweit! Der heutige Tag kommt nicht wieder zurück, und jeder Tag ist ein Geschenk von Gott, das wir nie wieder bekommen.

Es geschieht etwas Segensreiches, wenn Sie gewissenhaft mit der Zeit und den Aufgaben umgehen, die Ihnen gegeben wurden. Wenn Sie heute die Dinge geschafft haben, die erledigt werden sollten, dann haben Sie sich in mehrerlei Hinsicht effektiv dem Erfolg angenähert. Der erste Effekt ist, dass das eine Eigendynamik in Ihrem Leben entwickelt. Dynamik ist die treibende Kraft, die das Durchschnittliche außergewöhnlich erscheinen lässt, und das Gewöhnliche tiefgreifend. Ich kann diesen Effekt in meinem Umfeld ständig beobachten. Jemand ohne Antrieb in seinem Leben geht auf die Bühne und berichtet von einer Offenbarung, die er gehabt hat, und normalerweise werden ein paar Menschen davon berührt. Gleichermaßen steht eine Person mit Dynamik auf und erzählt eine ähnliche Offenbarung, und die Auswirkungen auf die Menge sind dramatisch gesteigert. Warum? Weil Eigendynamik Gunst entspricht.

Es gibt jedoch eine entgegengesetzte Wirkung für jemanden, der seine Aufgaben nicht dann erledigt, wenn sie ihm aufgetragen werden. Selbst wenn man die Aufgabe nur einen Tag zu spät ausführt, weiß man doch innerlich, dass man es eigentlich am Tag davor hätte machen sollen. Statt dass sich eine Eigendynamik entwickelt und man sich erfolgreich fühlt, wenn man die Aufgabe erfüllt hat, setzt eine Verspätung einen Gedankenprozess in Gang, der einem sagt, dass man zurückliegt, anstatt voraus zu sein um die Führung zu übernehmen. Ein Lebensstil des „ständig aufholen müssens" führt zu einem Gefühl von Hoffnungslosigkeit und niedrigem Selbstwert.

Einen weitereren Aspekt, bei dem man dieses Prinzip sehen kann ist bei Saat und Ernte. Im Buch Matthäus erzählt Jesus eine Geschichte von einem Meister, der sein Zuhause verließ um zu verreisen. Bevor er ging, vertraute er seinen Besitz seinen Dienern an. Ein Diener bekam fünf Talente (Geld), der zweite zwei Talente und der dritte ein Talent, gemäß ihren jeweiligen Fähigkeiten. Nach einer Weile kam der Meister zurück und bat jeden Diener Rechenschaft über seine Investition abzulegen. Die ersten beiden Diener erklärten, dass sie das Geld hatten arbeiten lassen und es für ihren Meister verdoppelt haben. Doch der letzte Diener war nicht so gut mit dem umgegangen, was ihm gegeben wurde. Tatsächlich erklärte er dem Meister, dass er es in einem Loch vergraben hatte, weil er wusste, dass der Meister ein harter und unangenehmer Mann war. Lange Rede, kurzer Sinn, der Meister verurteilte den Diener und nannte ihn böse und faul. Dann nahm der Meister das eine Talent und gab es dem Diener, der das vermehrt hat, was er bekommen hatte. Aber der mächtigste Teil dieses Gleichnisses ist das, was Jesus am Ende sagt: „Wer das, was ihm anvertraut ist, gut verwendet, dem wird noch mehr gegeben, und er wird im Überfluss haben. Wer aber untreu ist, dem wird noch das wenige, das er besitzt, genommen." (Matthäus 25,29) Auf den ersten Blick wirken diese letzten paar Worte ziemlich rau. Aber was Jesus eigentlich sagt, ist das: Es liegt ein Segen auf jeder Person, die ein guter Verwalter dessen ist, was ihr gegeben wurde, egal ob es groß oder klein ist.

Egal wo Sie heute stehen, Sie haben die Möglichkeit, das zu nehmen, was Ihnen gegeben wurde und es zu vermehren. Ich glaube übrigens, dass die größte Herausforderung für Menschen nicht ihre Faulheit oder die fehlende Vision ist, sondern dass sie vielmehr keine Ahnung haben, was sie als nächstes tun sollen. Der erste Schritt um heute Land zu gewinnen ist, dass Sie innehalten und sich selbst fragen, was Sie daran hindert, heil zu werden. Was hält Sie von Gottes ursprünglichem Plan für Ihr Leben fern?

Der erste Schritt um heute Land zu gewinnen ist, dass Sie innehalten und sich selbst fragen, was Sie daran hindert, heil zu werden. Was hält Sie von Gottes ursprünglichem Plan für Ihr Leben fern?

Ich war kürzlich bei einer Trainingseinheit dabei, in der über die Bedeutung von Zeitmanagement gelehrt wurde. Jetzt ist es so, dass Zeitmanagement mich etwa genauso begeistert wie die Klimaerwärmung die Eskimos. Ich musste meinen Kalender richtiggehend lieben lernen. Es ist wohl überflüssig zu sagen, dass es ein langsamer und schmerzhafter Prozess war. Aber in diesem Treffen neulich lernten wir den Nutzen davon, die wichtigen Dinge in unserem Leben und Kalender zur Priorität zu machen, anstatt unsere Pläne von wertlosen Forderungen diktieren zu lassen.

Meistens verfangen wir uns in Dingen, die keine Auswirkungen oder keinen Nutzen für unsere Zukunft haben. Zum Beispiel kann ich Ihnen nicht sagen, mit wie vielen Leuten ich schon gesprochen habe, die in ihrem Leben große Probleme damit haben Grenzen zu ziehen. Und doch haben sie noch nie ein Buch gelesen, eine CD gehört, mit einem Berater gesprochen oder auch nur das kleinste bisschen Zeit investiert um zu versuchen ihr Problem zu lösen. Dieselben Leute verbringen Stunden damit, Heimwerkersendungen zu schauen, Illustrierte zu lesen oder die Fernsehserie „24" zu verfolgen, wie wenn Gott persönlich sie verfasst hätte. Im Allgemeinen verbringen wir sehr wenig Zeit damit, uns auf das zu konzentrieren und an dem zu arbeiten, was uns am meisten bringt. Deshalb hat der Durchschnittsmensch keine Ahnung, wie er wachsen und sich verändern kann, weil er oder sie sich sehr wenig darauf konzentriert.

Ich kann mich daran erinnern, wie machtlos ich mich den Forderungen meines Zweijährigen gegenüber fühlte, als ich zum ersten Mal Vater wurde. Mein Sohn konnte Knöpfe bei mir drücken, von denen ich nicht einmal wusste, dass ich sie habe. Ich weiß noch, wie ich bei mehreren Gelegenheiten frustriert aus einem Ereignis oder einem Gespräch hinausgegangen bin, weil mein Sohn Schwachstellen bei mir entdeckt hatte, die noch kein anderes menschliches Wesen auf diesem Planeten gefunden hatte. Ich erkannte schnell, dass mein Sohn ein Genie war, und dass mir das Wasser bis zum Hals stand! Die folgenden Wochen nach dieser Erkenntnis bestanden darin, dass ich mich jeden Abend, wenn die Kinder im Bett waren, hinsetzte, den Kurs „Liebe und Logik" anhörte und mir dabei Notizen machte. Ich verbrachte mehrere Stunden am Tag damit, Erziehungsprinzipien zu erarbeiten und sie gleich am nächsten Tag anzuwenden.

Die meisten Eltern haben sich zu einem gewissen Grad schon einmal so gefühlt. Doch was ich in all meinen Jahren in der Seelsorge herausgefunden habe, ist, dass die meisten Leute nichts gegen das Problem unternehmen, selbst wenn sie es erkannt haben. Das Gleichnis in Matthäus 25 spricht genau dieses Problem an. Da Gott mir drei wunderbare Kinder anvertraut hat, ist Seine Erwartung an mich, dass ich ein guter Verwalter dessen bin, was Er mir gegeben hat. Wenn ich mich gewissenhaft um meine Kinder kümmere, wächst mein Erbe. Um ganz ehrlich zu sein: Als ich damit anfing zu lernen, meine Kinder zu erziehen, war ich nicht sehr gut darin. Doch weil ich nie aufgab und mich darin geübt habe, ein guter Verwalter dessen zu sein, was Er mir gegeben hat, hat Gott meine Gewissenhaftigkeit gesegnet und mir die Leben Tausender anvertraut.

Die Mentalität des Bauern sagt uns, dass es den heutigen Tag nur einmal gibt, und dass das, was Sie daraus machen bestimmt, welches Ergebnis Sie morgen bekommen. Wenn Sie unglücklich darüber sind, wo Sie heute stehen, liegt das an dem, was Sie mit Ihrer Vergangenheit gemacht haben. Betrachten Sie jeden Tag als Geschenk, unabhängig davon, wie schwierig oder einfach dieser Tag ist. Wenn Sie heute mit Tränen säen, werden Sie morgen mit Freuden ernten. Also wachen Sie auf aus Ihrem Schlummern, reiben Sie sich den Schlaf aus den Augen und leben Sie heute gut!

Wenn Sie heute mit Tränen säen, werden Sie morgen mit Freuden ernten. Also wachen Sie auf aus Ihrem Schlummern, reiben Sie sich den Schlaf aus den Augen und leben Sie heute gut!

Schritt 3: Die Freude der Prüfungen!

In Jakobus 1,2-4 steht: „Liebe Brüder, wenn in schwierigen Situationen euer Glaube geprüft wird, dann freut euch darüber. Denn wenn ihr euch darin bewährt, wächst eure Geduld. Und durch die Geduld werdet ihr bis zum Ende durchhalten, denn dann wird euer Glaube zur vollen Reife gelangen und vollkommen sein und nichts wird euch fehlen." Darin liegt eines der größten Geheimnisse zur Freude in der gesamten Bibel. Und doch sieht es auf den ersten Blick wie der lächerlichste Abschnitt aus.

Ich weiß nicht, wie Sie funktionieren, aber das letzte Mal, dass ich in einer großen Prüfung steckte, war meine erste Reaktion nicht, dass ich wahnsinnig begeistert darüber war. Ich dachte auch nicht: „Ich glaube, dass diese schwierige Situation meinen Glauben prüft, damit es mir nie an etwas fehlen wird." Stattdessen war meine erste Reaktion herauszufinden, wie um alles in der Welt ich da hinein geraten war, damit ich so schnell wie möglich wieder heraus kommen konnte!

Gottes Vorgehensweise uns innerlich heil zu machen besteht in Prüfungen, die unseren Glauben an Ihn stärken. Die einzige Möglichkeit, wie wir eine Prüfung durchmachen und uns total darüber freuen können, ist, wenn wir wirklich glauben, dass Gott uns alles (auch die harten Situationen) in unserem Leben zum Besten dienen lässt (siehe Römer 8,28). Ich weiß, das klingt nicht gerade besonders lustig, aber es ist nun einmal wahr.

Mit jeder harten Zeit kommen auch großartige Möglichkeiten für den, der ein Auge dafür hat. Setzen Sie die Bauernmentalität in die Tat um und beginnen Sie zu arbeiten. Für den Bauern hat jede Jahreszeit ihren Reiz. Er ist nicht begeistert über seine Blasen, aber er ist begeistert darüber, was sein Schmerz hervorbringt.

Ich habe es oft gehört, dass Not den großen Mann zu Höchstleistungen antreibt. Der Widerstand des harten Bodens macht den Bauern stark. Diese Stärke wird ihn durch sein ganzes Leben tragen; es ist die Stärke, die er in späteren Jahren einmal verwenden wird. Die Weisheit, die er durch seine Arbeit erworben hat, wird in seinem Stammbaum weitergegeben werden. Sein Glaube wird ihr Glaube in ihren schwierigen Zeiten. Seine Söhne werden sein Zeugnis benutzen, um eine Ernte in ihrem Leben einzufahren; und es wird immer genug geben.

Lehren aus dem Leben Davids

Ich liebe das Leben Davids. David war ein Meister darin, harte Zeiten in seinem Leben durchzumachen und sich zu weigern, seine Umstände zu verlassen, bis Gott ihn beförderte. David benutzte das Elend ständig als Rammbock, um sich Zugang zu seinem Schicksal zu verschaffen.

Davids erster Sieg über den Löwen und den Bären haben ihn strategisch für den Sieg über Goliath vorbereitet, der ihn wiederum in den Palast brachte, wo er König Saul diente. Es dauerte nicht lange, bis sein Dienst an Saul abrupt beendet wurde. In seinen Wutausbrüchen jagte König Saul David aus seinem Königreich fort und zwang ihn, wie ein Landstreicher zu leben, sich auf Bergen und in Höhlen zu verstecken, während Saul versuchte ihn zu töten. Diese Zeit erwies sich als eine hochgradig strategische Beförderung auf sein Schicksal zu, während sich Hunderte sozial Ausgestoßene in seiner Verletzlichkeit um ihn herum versammelten.

In dieser ganzen Zeit weigerte sich David, Saul umzubringen und sein Königreich zu übernehmen, obwohl sich ihm die Gelegenheit dazu mehr als nur einmal bot. David verstand, dass den Zeitabschnitt Gottes für ihn frühzeitig zu verlassen so wäre, wie wenn man ein Baby nach zwölf Wochen gebiert, weil man den ganzen Vorgang satt hat. Es ist ein Prozess, der Reife in unserem Leben bewirkt. Letztendlich wurde David einer der größten Könige der Geschichte. Und die Ausgestoßenen, die sich mit ihm versteckten, wurden seine mächtigen Männer, sein Schutz für seine restlichen Jahre (nachzulesen in 1. Samuel 17-31).

Der Herr benutzt Widrigkeiten in unserem Leben für Seine Zwecke. Er befreit uns nicht immer von Widerstand, denn Sein größtes Anliegen ist nicht unsere Bequemlichkeit. Gott will, dass wir werden wie Er - Perfekt, ohne irgendeinen Mangel. Es ist wie beim Bauern; wenn wir den Schritt überspringen, den harten Boden aufzulockern und die Erde zu pflügen, wird die Saat, die wir ausstreuen, keine Wurzeln schlagen, sondern vertrocknen und unter der stechenden Sonne absterben.

Ich gehe davon aus, dass das Elend an Ihrer Türschwelle steht und zum Fenster hineinschaut, wenn Sie heute dieses Buch lesen. Ich habe gute Nachrichten für Sie: Gott bereitet einen Weg für Sie, damit Sie ganz werden und es Ihnen an nichts fehlt. Ihre Aufgabe in dieser Zeit ist es, an der Hoffnung festzuhalten und sie nicht loszulassen. So wie ein Bauer dafür arbeitet, eine Ernte zu produzieren, liegt auch Ihre Freude in der Hoffnung auf die bevorstehende Ernte.

Verlieren Sie nicht die Hoffnung

Der Schreiber des Hebräerbriefes sagt: „Was ist nun also der Glaube? Er ist das Vertrauen darauf, dass das, was wir hoffen, sich erfüllen wird, und die Überzeugung, dass das, was man nicht sieht, existiert." (Hebräer 11,1) Wenn Sie nur auf der Basis dessen handeln, was Sie sehen können, werden Sie nie ein Erbe für Ihre Zukunft zurücklegen können. Ohne Hoffnung, ohne die Fähigkeit Gott zu glauben und zu vertrauen, ist es unmöglich Glauben zu haben. Und ohne Glauben ist es unmöglich in den Himmel zu gelangen. Was Sie in Ihrem Herzen glauben und worauf Sie hoffen, wird irgendwann einmal im Natürlichen sichtbar. Wenn Sie in einer Armutsdenkweise gefangen sind, und wenn das Leben mit Ihnen durch das Karussell der Enttäuschungen gefahren ist, wird es Zeit, Ihre Erwartung zu ändern! Salomo schrieb: „Denn wie er in seiner Seele berechnend denkt, so ist er." (Sprüche 23,7; Schlachter 2000)

WENN SIE IN EINER ARMUTSDENKWEISE GE-
FANGEN SIND, UND WENN DAS LEBEN MIT
IHNEN DURCH DAS KARUSSELL DER ENTTÄU-
SCHUNGEN GEFAHREN IST, WIRD ES ZEIT, IHRE
ERWARTUNG ZU ÄNDERN!

Die Ergebnisse Ihrer harten Zeiten sind es, die Sie in Ihr Schicksal durchdrücken. Die Ernte, die Sie in der Not erzeugen, wird Sie mit Früchten versorgen, die Sie später durchbringen. Was durch die Aufopferung in Ihrer Jugend gesät wurde, wird über Generationen hinweg weitergegeben werden.

Wenn Sie das nächste Mal in eine schwierige Zeit in Ihrem Leben gehen, lassen Sie den Pflug des Durchhaltevermögens Ihren Acker des Wohlstands bearbeiten.

Kapitel 6

DEN *inneren Menschen aufschließen*

Im vorangegangenen Kapitel habe ich Ihnen eine Geschichte von einem Bauern und einem faulen Mann (ein Mann ohne Vision) erzählt, um zu illustrieren, wie unsere Einstellung harter Zeiten gegenüber unsere Zukunft beeinflusst. Ich habe auch das Gleichnis der Talente beschrieben (gute Verwalter dessen zu sein, was uns gegeben wurde). Geschichten sind ein starkes Mittel um Lebenswahrheiten herauszufiltern.

Dieser nächste Teil beginnt mit einem modernen Gleichnis über ein Herz, das von seinen Lebensumständen abgetrennt ist. Diese Allegorie beschreibt viele Männer und Frauen, die ihr ganzes Leben lang nie mit ihren Gefühlen verbunden waren.

Das gefrorene Herz

Spazieren Sie mit mir einen langen, schmalen Gang entlang; ein Ort, an dem das Leben in Vergessenheit geraten ist. Die harten Wände aus Eis können von sich aus nichts fühlen und nicht atmen, weil sie vor dem Tageslicht abgeschottet wurden. Während Sie den Gang entlanggehen, können Sie vieler Hände Werk sehen. Die Narben längst vergangener Geschichte sind tief in die Eismauern eingeritzt. Wandgemälde, die von der Decke bis zum Boden reichen, erzählen die Geschichten unablässigen Missbrauchs und Perversion, die diesen Ort geplagt haben.

Wenn Sie den gefrorenen Gang weiter entlanggehen, gelangen Sie an eiserne Gitterstangen und können nicht mehr weiter. Auf dem Boden liegen tausende Worte der Bestätigung und Liebe, alle wertlos, in Stücke zersprungen, während Worte des Hasses und des Zorns an der Türe kratzen und versuchen, sich Zugang zu dem Käfig zu verschaffen. Durch die Gitterstäbe hindurch erspähen Sie ein Herz, das zerrissen und erkaltet ist wegen der leeren Versprechungen herzlicher Hinterlistigkeiten. Daraufhin, dass Sie das blutende Herz gesehen haben, beginnen Sie zu betteln und zu flehen, dass das Gitter sich öffnen soll. Sie schreien aus vollem Halse nach Gnade, doch Ihre Worte hallen nur an den vereisten Wänden wider. Es ist keiner da, den es interessiert, keiner, der Ihre Bitte hört. Ihr Flehen wird schnell zur Qual, während Sie wie wahnsinnig den Schlüssel suchen um diese Tür aufzuschließen. Denn es wird nicht lange dauern, bis dieses kalte Herz erfriert und nie wieder fähig sein wird, etwas zu fühlen.

Während Sie sich durch die zersplitterten Worte auf dem Boden graben, beginnen Ihre Finger zu bluten. Doch das spielt keine Rolle, denn irgendwo in den Trümmern muss ein Schlüssel liegen … ein Zugang. Sie graben und graben, bis Ihre Finger auf den Betonboden treffen; doch es gibt immer noch keinen Ausweg. In Ihrer Frustration schreien Sie dem Herzen zu: „Wer hat dich hier hergebracht? Wer würde dich hier zurücklassen um in diesem gefrorenen Grab zu verrotten?" Ihre Worte gelangen durch die Stäbe, und Mitgefühl sinkt tief in das frierende Herz ein.

Auf Ihre Worte hin stöhnt das Herz laut auf, denn es sieht nur die Quälerei verflossener Liebe. Die Gefängnisstäbe werden langsam dicker und die Temperatur im Gang sinkt. Sie verstehen schnell, dass das Herz selbst dieses Gefängnis gebaut hat. Es kann sich selbst nicht mehr gestatten, den eisernen Käfig aufzuschließen, in dem es sich so lange verschanzt hat. Es kann die Pein aufgeschobener Hoffnung und missbrauchter Liebe nicht mehr länger riskieren.

Die Zeit wird knapp. Der Gang ist unerträglich kalt, und bald werden Sie sein wie das Herz: gefühllos und unfähig sich zu bewegen. Sie müssen die Entscheidung treffen, entweder zu bleiben und den möglichen Tod zu riskieren, oder das zurückzulassen um zu sterben, was einmal dynamisch und voller Liebe war. Der Tod ist das dunkle Gesicht des Bösen, dass das stiehlt, was ihm niemals gehört hat.

Sie atmen tief durch und denken an Ihre Familie – die Frau Ihrer Jugend und Ihre Kinder, die so zärtlich an Ihnen als ihrem Vater hängen. Sie versuchen immer wieder tief einzuatmen, doch Ihr Atmen verwandelt sich schnell in Keuchen als Sie bemerken, dass Sie nichts für Ihre Frau und Ihre Kinder empfinden können. In Ihrem Schrecken untersuchen Sie Ihre Brust und stellen fest, dass Ihr Herz verschwunden ist. Voller Panik laufen Sie den Gang entlang, zurück zu den gefrorenen Wandgemälden aus Eis – der Ort, an dem Erinnerungen aufbewahrt werden. Sie schauen auf und ab und beginnen jedes Bild im Detail zu untersuchen. Hier hängen Sie als kleines Kind an Ihrem Vater und versuchen, seine Bestätigung zu bekommen – doch Sie waren nie gut genug. Sie waren der Sohn, den er nicht gebrauchen konnte. In seinem Mangel an Liebe für Sie zerbrach er Ihren Geist mit seinen Worten. Seine fehlende Zuneigung war ein Fallstrick, der Ihr Herz dafür bestrafte, nur ein kleines bisschen Trost zu wollen. Sie schauen sich das Eis an und erkennen, dass Ihr ganzes Leben ein Horror an Erinnerungen war … ein Zeugnis dessen, was mit einem Herzen geschieht, das offen ist und fühlt. Doch irgendwo mittendrin wurde das Leben zur Routine um sich langsam immer mehr zu verschließen. Letztendlich muss man ja auch nicht fühlen um zu leben, besonders, wenn das Fühlen schlimmer ist als das Sterben.

DOCH IRGENDWO MITTENDRIN WURDE DAS LEBEN ZUR ROUTINE UM SICH LANGSAM IMMER MEHR ZU VERSCHLIESSEN. LETZTENDLICH MUSS MAN JA AUCH NICHT FÜHLEN UM ZU LEBEN, BESONDERS, WENN DAS FÜHLEN SCHLIMMER IST ALS DAS STERBEN.

Sie wollen weinen, doch es kommen keine Tränen. Sie sind zu kalt. Sie sind in sich gefangen, in der Festung, die Sie selbst aufgebaut haben.

Sie rennen zurück zu dem Herz, hämmern auf den Käfig ein und schreien um hereingelassen zu werden. „Kannst du nicht sehen, dass wir hier unten sterben?", rufen Sie. Das Herz ächzt auf Ihre Worte hin, doch es will sich nicht bewegen. Sie fallen auf Ihre Knie und beginnen es zu überreden, indem Sie Erinnerungen aus Ihrer Kindheit aufzählen. „Ich war da, als die Liebe missbraucht wurde, als du dir nur die Berührung eines Vaters gewünscht hast. Ich war da, als Perversion das Trostpflaster für einen gebrochenen Geist wurde … der einzige Ausweg. Ich sah den Schmerz, als du dich verschlossen hast und wusste, dass du damit die Möglichkeit verlorst, dich jemals wieder zu binden. Und ich sehe den Hass, den du mir gegenüber hast, weil ich dich nicht beschützen konnte … weil ich die trügerischen Lügen nicht durchschauen konnte."

Das Herz beginnt seit Ewigkeiten zum ersten Mal zu weinen, als es erkennt, dass jemand da ist, der sich für es interessiert; jemand, der sieht, was es durchgemacht hat. Denn selbst wenn das Herz in Ihnen drin lebt, so ist es doch eine ziemlich eigenständige Person, die man erforschen und verstehen muss. Die

Tränen kullern, und das Eis beginnt langsam zu schmelzen, als das Herz wieder anfängt zu fühlen. Das Herz hat sich nie zuvor beschützt genug gefühlt um den eisernen Käfig aufzuschließen. Doch die Stangen beginnen eine nach der anderen zu zerbrechen, als Versprechen gemacht werden: „Ich verspreche dir, dich mehr als irgendjemand anderen zu lieben. Ich verspreche, dass ich einen Weg finde, dich zu beschützen. Ich verspreche, dass ich mich nicht davor fürchte zu fühlen, auch wenn es wehtut. Und ich verspreche dir, mich nie wieder von dir abzukoppeln und dich alleine zu lassen, sodass du für dich selbst sorgen musst!"

Wenn Sie an diesem Tag den Gang verlassen, ist das einzige, was sich in Ihnen verändern wird, die Entscheidung, mächtig zu sein und sich nicht mehr zu verstecken.

Viele von uns haben ihr ganzes Leben lang nicht erkannt, was unser Herz wirklich braucht, oder auch nicht, welche Strafen das Leben uns aufgetischt hat.

VIELE VON UNS HABEN IHR GANZES LEBEN LANG NICHT ERKANNT, WAS UNSER HERZ WIRKLICH BRAUCHT, ODER AUCH NICHT, WELCHE STRAFEN DAS LEBEN UNS AUFGETISCHT HAT.

Ohne die Fähigkeit uns mit unserem Herzen zu verbinden können wir unsere tiefsten Bedürfnisse nicht stillen. Diese Art zu leben führt dazu, dass wir verzweifelt nach einer Möglichkeit suchen, mit den Angriffen des normalen Lebens fertig zu werden, denn ein ungestilltes Bedürfnis führt zu Schmerz.

Die Abwehrmauern des Schutzes

Keiner beginnt sein Leben mit der Absicht, sich selbst in einem Gefängnis aus Eis einzuschließen. Wer will schon

unbekannt und alleine sein? Der Prozess des „Dichtmachens"
ist der allerletzte Versuch des Körpers, das zu überleben, was
er als stumpfe Gewalteinwirkung erlebt. Wenn dieses Trauma
nicht nachlässt, muss sich der Verstand entscheiden, entweder völlig verrückt zu werden oder sich von der emotionalen
Seite der Wirklichkeit abzutrennen.

Vor einigen Jahren wurde ich einem Typen namens Blake
vorgestellt, der die einzige Person war, die ich damals kannte,
die zu den „lebenden Toten" gehörte. Ehe ich irgendetwas
über ihn herausgefunden hatte, fragte er mich, ob ich mich
mit ihm hinsetzen und ein paar Dinge aufarbeiten konnte.
Als Blake an diesem Tag anfing zu erzählen, eröffnete sich
eine Welt vor meinen Augen, die ich noch nie zuvor gesehen hatte.

Blakes frühkindlichen Erinnerungen waren durchsetzt von
Missbrauch; der meiste davon wurde ihm absichtlich von
denen auferlegt, die ihn am meisten hätten lieben sollen. Blake
erklärte mir, dass er im Alter von fünf Jahren beschlossen hatte
nichts mehr zu empfinden. Er glaubte, dass die einzigen Menschen, die nicht verletzend waren, entweder im Himmel sind
oder aber selbst nichts empfinden.

Blake „lebte" 14 Jahre lang verschlossen und gefühllos dem
gegenüber, was sein Herz empfand. Er sagte sogar, dass er
sich nicht einmal verteidigt hätte, wenn man ihm auf der
Straße begegnet wäre und versucht hätte, ihn zu verprügeln.
Er erklärte mir, dass Leute, die sich selbst verteidigen, etwas
Wertvolles haben. Und wer etwas Wertvolles hat, der kann
etwas verlieren. Und wenn man etwas verlieren kann, kann
man Schmerz empfinden! Blake hatte sein ganzes Herz und
seine Emotionen in einem Käfig aus von Eis überzogenem
Stahl verschanzt. Weder Worte noch Gefühle konnten hin-
eingelangen, und er konnte nichts spüren, solange die Stan-

gen am richtigen Platz waren. Er war unter den lebenden Toten. Er ging umher und erlaubte sich buchstäblich nicht, irgendetwas zu fühlen oder sich um irgendetwas im Leben zu kümmern. Ich verbrachte mehrere Wochen mit Blake damit, das Eis von den Wänden abzuschlagen und die Gitterstäbe zu entfernen, die er sein Leben lang aufgebaut hatte. Ungefähr so, wie bei der Allegorie in diesem Kapitel konnte er langsam einen Ort schaffen, an dem sein Herz wieder fühlen konnte. Was ich gelernt habe, war, dass es bei niemandem zu spät ist und dass Blake kein Einzelfall war.

Ein großer Anteil in unserer Gesellschaft hat auf irgendeine Weise beschlossen, die Emotionen abzustellen. Ich habe übrigens herausgefunden, dass die meisten Leute, die sich abgeschottet haben, nicht notwendigerweise in einem verrückten Zuhause leben oder einen Haufen Missbrauch erlebt haben. Doch weil sie nicht wussten, wie sie mit Schmerz umgehen sollten, mussten sie einen Teil ihres Herzens verschließen um zu überleben.

Ein überbehütetes Herz

Ich sprach mit einer Freundin, Mitte 30, über das Verliebtsein. Damit Sie eine Ahnung haben: Dieses Mädchen ist erstklassig, umwerfend hübsch und Single. Im letzten Jahr habe ich immer wieder versucht, ihr bei der Partnersuche zu helfen. Doch egal, was ihre Freunde versuchten um ihr zu helfen, sie hatte dieses idealistische Bild davon, wie romantisch eine Beziehung entstehen musste, und wollte nicht von dieser Sichtweise abweichen.

Sie wusste einfach, dass eine Beziehung für sie nur funktionieren konnte, wenn sie von Walt Disney persönlich konzipiert war. Nun, im Laufe des Jahres begann sie eine Offenbarung zu haben. Durch den Zuspruch vieler Freunde sah sie schließlich ein, dass ihre Sichtweise, wie man einen Mann findet, ihre Beziehungen sogar sabotierte. Sie hatte absichtlich eine unmöglich zu erfüllende Liste von Dingen gemacht, die sie bei einem Mann haben musste, damit sie sich selbst davor schützen konnte, es riskieren zu müssen, sich je wieder zu verlieben.

Offenbar hatten ihre vorherigen Beziehungen sie Lektionen über die Liebe gelehrt, die sie nicht noch einmal erleben wollte. Doch weil sie nicht wusste, wie sie ihr Herz schützen, und den Schmerz über eine zerbrochene Beziehung verarbeiten konnte, tat ihr Herz das einzige, was ihm einfiel zu tun. Es schuf einen Weg, die Liebe außen vor zu lassen.

Der häufigste Grund, den ich gefunden habe, warum Leute dichtmachen, ist wegen der Erziehung in ihrer Kindheit. Als kleines Kind ist man am verletzlichsten seiner Umwelt gegenüber, und man hat am wenigsten Macht, etwas an ihr zu verändern. Aus diesem Grund werden Kinder oft zum Opfer der Störung ihrer Eltern. Sie lernen Lektionen über Liebe und Verletzbarkeit, die ihnen zeigen, sich um jeden Preis zu verstecken.

Das Gleichnis, mit dem ich dieses Kapitel eröffnet habe, ist ein großartiges Beispiel dafür, was passiert, wenn ein Mann auf seine Kindheit zurückblickt und realisiert, dass er nie richtig geliebt und umsorgt wurde. Er beginnt zu verstehen, warum sein Herz sich in einem Stahlkäfig einschließen musste. Da das für gewöhnlich in jungem Alter geschieht, ist es üblich, dass man nicht einmal erkennt, was da überhaupt passierte; wie Ihr Herz sich selbst abgekapselt hat um in einer gefrorenen Umgebung zu überleben.

Fehlfunktionen entstehen in einer Welt, in der Bedürfnisse nicht gestillt werden und Schmerz zu einem gewohnten Teil Ihrer täglichen Ernährung wird. Wenn Liebe auf einer Basis von Bedingungen gegeben und empfangen wird (Ich liebe dich nur, wenn du das Richtige sagst oder tust.), entstehen Verhaltensweisen wie Co-Abhängigkeit, und Kontrolle wird zur Norm. Diese Verhaltensprobleme zeigen sich auf alle möglichen Arten, von Zorn über Manipulation bis hin zur Passivität. Obwohl diese Menschen so leben, als hätten sie keine Bedürfnisse, werden sie Meister darin, die aller anderen zu erfüllen. Von außen betrachtet sehen sie aus wie Jesus: Sie rennen herum und sorgen dafür, dass sich um alle gekümmert wird. Aber in Wirklichkeit haben sie gelernt, dass es nur zu Schmerz führt, wenn man Bedürfnisse hat und in einer Beziehung etwas erwartet; denn das hat man ihnen als Kind beigebracht. Darum ist es eine effektive, aber auch unglaublich problematische Art, sich vor Schmerz zu schützen.

Die Schönheit der Emotionen

Es gibt buchstäblich hunderte von Arten, wie sich Menschen selbst davor schützen, etwas fühlen zu müssen. Und es gibt dutzende von Arten, wie sie den Schmerz in ihrem Leben kompensieren. Doch es ist wichtig zu verstehen, dass Gott uns mit Gefühlen geplant hat. Als Gott die Menschen erschuf, machte er uns als ein Meisterwerk der Emotionen. In ihrer Reinform sind unsere Gefühle Motivatoren. Ohne sie würden wir wirklich nicht viel hinbekommen. Wir spüren Emotionen in unserem Körper, und sie werden dazu benutzt, uns zum Handeln zu bewegen. Wenn unsere Muskeln stimuliert werden, können sie sich an- oder entspannen. Und die Blutgefäße erweitern oder verengen sich, je nachdem, welche Gefühle durch unseren Körper strömen. Demzufolge spielen unsere Emotionen eine wichtige Rolle darin, uns zum Handeln zu motivieren oder uns davon abzuschrecken.

Auf einer anderen Ebene helfen uns Emotionen dabei, Entscheidungen zu treffen. Wenn wir zum Beispiel über etwas nachdenken, das unseren Werten widerspricht, dann sagen uns unsere Gefühle, dass es wahrscheinlich keine gute Idee ist. Selbst wenn wir uns ein derartiges Szenario nur vorstellen, kann das unsere Gefühle stimulieren und uns sagen, ob es sich nach einem guten Plan anfühlt oder nicht.

Ohne die Fähigkeit, Gefühle zu empfinden, können Sie nicht mit ihrer Umwelt in Verbindung treten. Ihre Emotionen schaffen starke Verbindungen und Harmonie zwischen Ihnen und Ihrem sozialen Umfeld. Ich kann es nicht mehr zählen, mit wie vielen Jugendlichen ich schon gesprochen habe, die todunglücklich darüber sind, dass ihre Eltern ihnen nie die Worte „Ich liebe dich!" gesagt haben. Der Schmerz darüber, dass man sein Leben lang ohne emotionale Verbundenheit mit den Eltern gelebt hat, wirkt sogar als Erwachsener noch unglaublich zerstörerisch. Wenn Sie im Gegensatz dazu auf einige der besten Zeiten in Ihrem Leben mit ihren Freunden und Ihrer Familie zurückblicken, ist das wahrscheinlich eine Zeit, in der Sie sich emotional mit ihnen verbunden gefühlt haben. Wir wurden auf einer ganz banalen Ebene dazu geschaffen, mit der Welt, die uns umgibt, auf einer Ebene der Herzen in Verbindung zu treten.

WIR WURDEN AUF EINER GANZ BANALEN EBE-
NE DAZU GESCHAFFEN, MIT DER WELT, DIE UNS
UMGIBT, AUF EINER EBENE DER HERZEN IN
VERBINDUNG ZU TRETEN.

Es ist wichtig, sich daran zu erinnern, dass Gott sowohl positive, als auch negative Gefühle geschaffen hat, und dass beide eine wichtige Rolle in unserem Leben spielen. Negative Emotionen helfen uns zu überleben. Sie warnen uns oder fordern uns zum Handeln auf – das geht vom Wegrennen über andere meiden, bis hin zum Zurückschlagen. Positive Emotionen sind so wichtig, weil sie zum Beispiel unser Immunsystem stärken, unser Selbstwertgefühl steigern und Depressionen abwehren. Es wurden ganze Bücher allein über dieses Thema geschrieben.

Die grundlegende Sache, die wir verstehen müssen, ist, dass es Gottes ursprüngliche Intention war, dass wir in der Verbindung mit unseren Herzen leben.

Hallo Ich

Wann haben Sie zum letzten Mal innegehalten und sich gefragt: „Wie geht es meinem Herzen heute? Was brauche ich, damit es mir gut geht? Warum fühle ich mich so, wie ich mich fühle? Was kann ich dagegen tun?" Ihr Kopf und Ihr Herz sind die beiden besten Verfechter, wenn es darum geht, ein gesundes Leben zu führen. Ohne das Wissen darüber, was in Ihnen vor sich geht und was Ihre Seele braucht, können Sie sich eigentlich gar nicht richtig um sich selbst kümmern. Den meisten von uns wurde niemals beigebracht, wie man auf seinen Kopf und sein Herz hört. Genau genommen wurden vielen Lügen beigebracht wie: „Schmerz ist Schwäche, die den Körper verlässt" oder „Was nicht umbringt, härtet ab!" Die Wahrheit ist, dass Schmerz ein Mangel ist, der danach schreit ausgefüllt zu werden. Je länger eine Person im Schmerz lebt, desto wahrscheinlicher ist es, dass sie ihr Herz zumacht. Wissen Sie, die meisten von uns wissen nicht einmal, wer wir sind, weil wir noch nicht lange genug innegehalten haben um uns selbst zu begrüßen oder uns zu fragen: „Wie kann ich dir helfen?" Wenn wir nicht wissen, wer wir sind oder wie es uns geht, wie können wir uns dann anderen mitteilen?

Es ist verführerisch, Fragen wie „Wie geht es mir?" zu vermeiden, weil diese Art von Fragen manchmal dazu führen können, dass wir uns machtlos fühlen, wenn wir nicht wissen, was wir mit unseren Gefühle anfangen sollen. Im nächsten Kapitel erfahren Sie die Wahrheit über Schmerz und wie man ihn auf eine gesunde Weise verarbeitet. Sie müssen nicht mehr gefühllos Ihrer Umwelt gegenüber, oder von Ihrem Herzen abgetrennt leben. Sie werden lernen, wie Sie Ihr inneres Ich aufschließen und die zerstörerischen Schwüre brechen können, die Sie in sich selbst gefangen hielten.

Kapitel 7

Im *Trost Ihres eigenen Schmerzes*

Setzen Sie sich eine Weile mit mir hin. Ziehen Sie die Schuhe aus, schließen Sie die Augen und entspannen Sie. Willkommen in der kalten Realität, ein Ort, der für die meisten unter uns unangenehm schmerzhaft ist. Ich verspreche, Sie nicht zu lange hier zu lassen, weil ich auch schon einmal dort war. Im letzten Kapitel haben wir über unser inneres Ich gesprochen und über all die unterschiedlichen Arten, wie es versucht hat, Sie vor den Attacken der schmerzhaften Realität zu schützen. In diesem Kapitel werden Sie herausfinden, dass die Wirklichkeit der einzig sichere Ort für Sie ist.

In allen Geschichten des vorangehenden Kapitels gibt es einen gemeinsamen Nenner, einen roten Faden. Keine der beschriebenen Personen hatte ein großartiges Verfahren um mit dem Schmerz umzugehen. Wenn Sie darüber nachdenken: Wann hat Ihnen zum letzten Mal jemand beigebracht, wie Sie Schmerz verarbeiten können? Wenn es Ihnen wie den meisten anderen Menschen geht, dann lautet Ihre Antwort wahrscheinlich „Nie!". Deshalb ist meine nächste Frage: Was haben Sie mit Ihrem Schmerz gemacht? Hören Sie einen Moment auf zu lesen, und stellen Sie sich einmal wirklich diese Frage. Die Antwort ist wahrscheinlich ein großer Schlüssel dazu, herauszufinden, warum Sie so sind, wie Sie sind.

Lebendig begraben

Ich erinnere mich an ein bestimmtes Seelsorgegespräch, als ich mit einem Typen arbeitete, der gerade aus dem Irak zurückgekommen war. Joe war ein Sanitäter in der Armee, und so wurde er regelmäßig mit grausamen Szenen des Todes konfrontiert. Er war in meinem Büro, weil er nichts mehr empfinden konnte. Er war gefühllos seiner Umwelt gegenüber. Er saß mir gegenüber, und ich bat ihn, seine Augen zu schließen, als ich ihn fragte: „Wo haben Sie Ihre Gefühle abgelegt?" Er saß eine Zeitlang da, bevor er seine Augen öffnete und eine niederschmetternde Szene beschrieb. Hier ist Joes Bericht in seinen eigenen Worten:

„Ich muss schneller graben!", sprach ich zu mir selbst, wie wenn irgendjemand auf dem Feld wäre und mich hören könnte. Der Dreck ist sehr kalt und es ist schwer, ein Loch zu graben, doch ich habe angefangen Fortschritte zu machen. Das Loch ist jetzt ungefähr 60 Zentimeter tief. In dem schwachen Mondlicht kann ich gerade so den Boden erkennen. Ich kann hören, wie die Männer irgendwo in der Ferne rufen und sich durch den Busch schlagen. Sie kommen näher, aber es bleibt mir noch Zeit.

Ich bin von Kopf bis Fuß mit Blut und eiskaltem Matsch bedeckt. Ich schreie zum Mond, fast wie in einer Totenklage: „Ich muss dieses Ding begraben, bevor sie mich erwischen!" Der Dreck und die Steine haben meine Fingernägel abgenutzt, sodass sie bluten und wie Feuer brennen. Ich kann Pferde näherkommen hören; die Spürhunde führen sie direkt zu mir! Nur noch ein paar Sekunden, dann kann ich dieses Stück Fleisch in das Loch werfen und niemand wird je erfahren, was ich damit getan habe.

Ich hocke genau über dem Loch und blicke umher wie ein wildes Tier, das gejagt wird. Jetzt kann ich die Jäger hören. Ihre Rufe sind sehr nah, und ich kann sehen, wie ihre Lichter die Erde um mich herum erleuchten. Mit meinem fast zu Ende geführten Auftrag würdige ich sie nur eines flüchtigen Blickes. Ich denke einen Augenblick lang über meine nackten Füße nach, über die Fußspuren, die ich hinterlasse. Sie sind eine offene Einladung an alle, das auszugraben, was ich so in aller Eile begraben habe; doch dagegen kann ich jetzt nichts tun. Die Zeit habe ich nicht.

Ich stopfe es ins Loch. Ich schütte die lose Erde und die Steine wieder in die Aushöhlung, die ich gemacht hatte, als mich gerade der Schein einer Taschenlampe trifft. Ein Mann schreit seinen Freunden zu: „Er ist hier, wir haben ihn!" Ich schieße wie der Blitz davon in die Nacht und renne schnell, wie ein Vogel, der die Luft durchschneidet. Es ist vergraben. Ich hoffe, sie vergessen, was ich da hingelegt habe. Ich hoffe, dass sie mir in weiter Entfernung folgen. Ich gehe in einen Dauerlauf über. Ich schleppe meinen blutbedeckten Körper über umgefallene Baumstämme, ich sause durch Bäche; das schneidend kalte Wasser brennt einige Sekunden lang. Darum kann ich mich jetzt nicht kümmern. Meine nackten Füße treffen hart auf den Boden auf und erschüttern mich in meinem Innersten. Meine Füße sind in Stücke zerfetzt und schreien bei jedem Schritt vor Qual, doch ich höre nicht auf zu laufen. Ich bahne mir schnell meinen Weg, einen Pfad entlang in das unter mir liegende Tal. Die Ackerländer scheinen im Mondlicht so weit entfernt. Meine verzweifelte und plötzliche Flucht hat den Suchtrupp äußert verwirrt zurückgelassen. Sie werden ein paar Minuten brauchen um sich wieder zu sammeln. Ich finde Frieden in diesem Gedanken. Unten an dem Pfad komme ich durch ein Dickicht von Eichen. Unten im Tal gelange ich zu den Feldern. Ich beginne, mir einen Weg durch die Maisfelder zu schaffen. Sie werden mich hervorragend schützen und dafür sorgen, dass die Männer mich nicht schnell finden. Die Erde ist hier weich, es ist schwer, schnell davonzukommen; und ich weiß, dass ich meinen Vorsprung verliere. Ich komme am anderen Ende des Maisfeldes heraus, wo ich ein verlassenes Haus vorfinde. Es wird mir als Ruheplatz dienen, während sie mich in den Feldern suchen. Ich stürme durch die Eingangstüre und schließe sie hinter mir. Ich renne zu dem Fenster, das zu dem Maisfeld zeigt, von dem ich gerade hergekommen war, und öffne es eine Spaltbreite, damit ich die Männer hören kann, wenn sie kommen um mich zu holen. Ich sacke in mir zusammen und lege meinen Kopf einen Augenblick lang auf das Fensterbrett. Ich weiß nicht, wie lange ich da war, denn ich glitt in den Schlaf.

Ich erwache an einem seltsamen orangefarbenen Leuchten und einem knisternden Geräusch. Benommen vom Schlaf fällt es mir schwer zu fassen, was hier passiert. Es trifft meine Gedanken wie ein Blitzschlag, dass sie das Feld in Brand gesteckt hatten um mich aufzustöbern. Der Rauch dringt in das Haus ein. Nach Atem ringend renne ich durch das Wohn-

zimmer ins Esszimmer. Ich brause durch die Hinter-
tür auf die Scheune zu. Im Getöse des Feuers höre
ich nicht viel. In nur wenigen Sekunden gelange ich
in die Scheune. Ich schneide die Kurve. Ich versuche, an der Scheune vorbei und zu einem anderen
Feld dahinter zu kommen. Ich sehe weder den Mann
noch den Stiel der Axt, doch er trifft meinen Kopf
mit vollem Schwung.

Ich wache auf und sehe ein Dutzend Männer um
mich herum, die immer noch entsetzt auf das starren, was sie vor sich sehen. Wissen Sie, das Ding, das
ich begrub, das Fleisch, das ich in die Erde gelegt
habe, stammte nicht von einem anderen Mann. Es
war meines! Ich schnitt mein eigenes Herz heraus;
ich konnte die Last des Schmerzes nicht mehr ertragen, den es mir bereitete. Die Liebe, die ich verloren hatte, die Dinge, die ich getan und gesehen hatte.
Ich musste es loswerden. Und ich bin es losgewor-
den. Der Suchtrupp jagte mich, weil sie dachten, dass
ich jemanden umgebracht hatte. Das einzige, was ich
getötet hatte, war meine Fähigkeit zu fühlen – und
das für immer. Ich stelle mich vor ihnen auf, blutge-
tränkt und frierend. Ein dicker, glatzköpfiger Mann
kommt auf mich zu. Er sagt mit kraftloser Stimme:
„Mein Sohn, was hast du dir angetan? Wie kannst
du noch am Leben sein?" Ich kichere über seine
Bemerkung. Ich antworte in einem Ton, der einem
bei lebendigem Leib die Haut abziehen könnte: „Für
mich gibt es nichts mehr in diesem Stück müden
Fleisch. Es ist das einzige, was noch übrig bleibt von
einem Leben, das ich nichts als vergessen möchte."
Er tritt zurück, unsicher darüber, wie er mir antwor-

ten soll. Ich hole wieder aus: „Du fragst, wie ich noch am Leben sein kann? Es ist wegen meines starken Willens ein Leben ohne Schmerzen zu leben."

Jetzt bringen sie die Reporter herein. Sie machen Bilder mit ihren schicken Kameras. Sie schreiben Sachen in ihre weißen Notizblöcke mit den blauen Linien. Ich kann schon mein Bild in der Tageszeitung sehen; diese Männer stehen um mich herum und blicken triumphierend drein. Ich bin in Blut getränkt, verkrustet und tropfe vor Schlamm. Genau unter meiner linken Brustwarze ist ein großes Loch herausgeschnitten, gerade die richtige Größe um mein Herz herauszuquetschen. Man kann immer noch Dampf sehen, der aus dem Loch herausquillt, Zeichen eines noch warmen Körpers. Ich bin mit zerfetzten Kleidern bedeckt, keine Schuhe. Mein Gesicht ist dreckig, und an meinen Arm- und Fußgelenken baumeln Fesseln. Was für ein Anblick ich für sie sein muss. Sie fürchten mich in diesem Zustand. Ich bin irgendein tollwütiges Tier, das zerstört werden muss. Ich habe jetzt keine Gefühle. Der Gedanke an einen solchen Mann macht ihnen Angst. Es wird nicht leicht für sie sein, mich zu töten. Ich werde es ihnen nicht leicht machen.

Joe hatte seine Emotionen in irgendeinem Loch weit weg begraben, auf dass sie nie wieder gesehen werden. Die tägliche Brutalität des Krieges war mehr, als er alleine ertragen konnte. Und dann, ohne die Fähigkeit und das Bewusstsein, das zu verarbeiten, was sein Herz fühlte, war die andere Möglichkeit es zu vergraben.

Egal, ob Ihre Erfahrungen denen von Joe gleichen oder meinem Weg durch eine destruktive Scheidung: Sie brauchen einen Plan für Ihren Schmerz. Einer der größten Irrtümer, dem die Leute glauben, ist, dass die Zeit den Schmerz heilt. Sie denken irgendwie, dass alles einfach verschwindet, wenn sie es nur vergessen, oder das ignorieren, was sie fühlen oder was ihnen passiert ist. Nichts falscher als das! Wenn die Zeit wirklich heilen würde, wären die Leute im Gefängnis die heilsten Menschen der Welt.

Die Zeit ist ein Offenbarer und Ermöglicher. Wenn Sie eine Saat in den Boden stecken und bewässern, wird sie mit der Zeit wachsen und zeigen, was für eine Art es ist. Wenn Sie die gleiche Saat säen und nie bewässern, dann wird sie niemals wachsen. Genauso werden Sie mit der Zeit heil werden, wenn Sie einen Heilungsprozess durchlaufen. Doch wenn Sie den Heilungsprozess überspringen, werden Sie sich am Ende nur fragen, warum Sie so sind, wie Sie sind.

DIE ZEIT IST EIN OFFENBARER UND ERMÖGLICHER. WENN SIE EINE SAAT IN DEN BODEN STECKEN UND BEWÄSSERN, WIRD SIE MIT DER ZEIT WACHSEN UND ZEIGEN, WAS FÜR EINE ART ES IST. WENN SIE DIE GLEICHE SAAT SÄEN UND NIE BEWÄSSERN, DANN WIRD SIE NIEMALS WACHSEN.

Gott segnet die, die traurig sind

Matthäus schrieb: „Gott segnet die, die traurig sind, denn sie werden getröstet werden." (Matthäus 5,4) Wenn es stimmt, was in diesem Vers steht, dann könnte man ihn auch so lesen: „Verflucht sind die, die nicht traurig sind, denn sie werden nicht getröstet werden." Der Prozess, in dem man den Schmerz bearbeitet und eine heile Person wird, ist der Prozess, in dem man sich seinen Schmerz eingesteht und darüber trauert.

Das Herausfordernde mit dieser Denkweise ist, dass keiner von uns gerne dasitzt und über seinen emotionalen Schmerz nachdenkt. Meistens bewirkt der Schmerz, dass wir uns so unglaublich machtlos und hoffnungslos fühlen, dass es nur noch schlimmer wird, wenn wir uns darauf konzentrieren. Deshalb ist die typische Reaktion auf Schmerz, ihn einfach zu ignorieren. Doch ohne den Trauerprozess gibt es auch keinen Trost!

Den Schmerz zu betrauern bedeutet nicht, dass Sie einfach nur dasitzen und darüber nachdenken, bis Sie sich richtig wütend und überwältigt fühlen (wobei das als Teil des Prozesses durchaus vorkommen kann). Für eine gesunde Art Ihren Schmerz zu beweinen braucht es einen Anfang und ein Ende im Prozess. Wie bei einer Beerdigung, zu der man geht, und weiß, dass man das Leben der verstorbenen Person durch Bilder und freundliche Worte nachempfinden wird. Man weiß auch, dass man wahrscheinlich weinen wird, weil er oder sie nicht mehr da ist. Doch wenn Sie schon einmal einen Todesfall in der Familie miterlebt haben, dann wissen Sie auch, dass der Schmerz irgendwann einmal verschwindet, nachdem die Tränen vergossen und die Erinnerungen verarbeitet wurden.

Die innere Zeitbombe entschärfen

An dem Tag, an dem Heather mich verließ, wurden alle Erinnerungen und geteilten Erlebnisse, die immer warme Gefühle in mir hervorgerufen hatten, schlagartig in Gegenstände seelischer Qual verwandelt. Die Gedanken an meinen Hochzeitstag oder unser erstes Date waren keine fröhlichen Erinnerungen mehr. Es machte mir keine Freude mehr, an unsere Hochzeitsnacht zu denken und daran, wie ich ihr mein Herz geschenkt hatte. Ich war alleine, gefangen in einer Seele voller Erinnerungen, von denen mir jede einen Messerstich versetzte. So sehr ich mir auch wünschte, einfach aufzuwachen und alles wäre weg, ich steckte fest, mit all diesen Erinnerungen in mir.

Ich realisierte bald, dass Erinnerungen wie Zeitbomben sind: Wenn ich es versäumte, ihre Existenz zur Kenntnis zu nehmen und sie zu entschärfen, würden sie in mir explodieren und unglaubliche Mengen unkontrollierbaren Ärgers entstehen lassen. Wenn ich den Zorn auf ungesunde Weise herauslassen würde, würde es die verletzen, die ich am meisten liebe, meine Kinder.

Ich fing an, die Sichtweise auf meinen Schmerz zu verändern. Erinnerungen, die mich zuvor zum Absturz brachten, hieß ich jetzt willkommen und reflektierte und beweinte jede einzelne sorgfältig, bis der Stachel verschwunden war. Das nennt man Verwaltung. Es stimmt, Sie müssen jeden schmerzvollen Gedanken verwalten, indem Sie ihn als eine Gabe ansehen, die Ihnen gegeben ist, damit Sie heil werden können. Als ich einmal die Furcht vor dem Schmerz verloren hatte und anfing, jede Erinnerung zu konfrontieren, verspürte ich eine Aufregung, weil jede verarbeitete Erinnerung ein Schritt in die Freiheit war.

> ALS ICH EINMAL DIE FURCHT VOR DEM SCHMERZ VERLOREN HATTE UND ANFING, JEDE ERINNERUNG ZU KONFRONTIEREN, VERSPÜRTE ICH EINE AUFREGUNG, WEIL JEDE VERARBEITETE ERINNERUNG EIN SCHRITT IN DIE FREIHEIT WAR.

Ich kann mich daran erinnern, wie ich zum ersten Mal über meinen Hochzeitstag nachdachte, nachdem Heather gegangen war. Ich war mitten im Lobpreis während einer Veranstaltung der Bibelschule, lag einfach nur auf der Bühne und genoss Gottes Gegenwart. Beinahe ohne Vorwarnung war ich plötzlich völlig eingenommen von der Erinnerung an meine Hochzeit. Da kam sie auf einem schokoladebraunen Pferd herein geritten, geführt von ihrem Bruder. Mein Herz pochte in meiner Brust, als sie langsam zum Soundtrack von Braveheart auf mich zukam. Bald war sie am Altar und ich war da um ihre Hand zu nehmen.

Der Pastor sprach und wir nahmen das Abendmahl ein, und einen Augenblick später standen wir wieder am Altar und gaben uns das Eheversprechen. Dort gab ich ihr mein Herz, das ich jetzt so dringend wieder zurückhaben musste. Als sie sprach, begannen meine Tränen zu fließen, und die Erinnerung ging weiter. Der Lobpreis der Bibelschule dröhnte in meinen Ohren, und der Gedanke, dass sie niemals wiederkommen wird, tropfte an meinem Gesicht herunter.

Nach kurzer Zeit hatte ich mich nicht mehr unter Kontrolle, und die Tränen gingen in Geheule über. Ich bemerkte schnell, dass der Lobpreis bald zu Ende sein und ich auf der Bühne in einer Pfütze von Tränen zurückbleiben würde. Nach dem Lobpreis ging ich nach oben in mein Büro und dachte: „Ich möchte diese Erinnerung nicht verlieren. Ich will sie voll und ganz verarbeiten." Als ich endlich in mein Büro kam, machte ich schnell eine traurige Musik an und lebte mich wieder in die Erinnerung ein.

Ich saß an diesem Tag in meinem Büro und ließ die Erinnerungen an meinen Hochzeitstag in meinem Kopf ablaufen, während ich im Angesicht der Tatsache heulte, dass wirklich alles vorbei war. Ich erinnere mich daran, wie ich sie immer wieder den Gang in der Kirche entlanglaufen sah und Gott dabei fragte, was Er wollte, dass ich mit diesen Gedanken tun sollte. Schließlich bargen die Details unserer Hochzeit und die Tatsache, dass jetzt alles vorbei war, nicht mehr den selben Schmerz wie als es mich zum ersten Mal traf. Gott begann die Fragen zu beantworten, die die Erinnerungen in mir hervor-riefen; Fragen wie „Was passiert mit meinen Kindern?" und „Werde ich jemals wieder lieben?" Die Erinnerungen kamen eine nach der anderen, jede mit einem anderen Stachel. Und ich weinte eine nach der anderen durch, bis der Stachel weg war und Gott meine Fragen beantwortet hatte.

Der Schmerz muss nicht bleiben

Während des Prozesses, in dem ich meinen Schmerz bear-beitete, verstand ich, dass ich nicht frei sein konnte, wenn ich mich nicht mit dem verbinden, das fühlen und herauslassen konnte, was in meinem Herzen vor sich ging. Die meisten Christen sind so programmiert worden, dass sie nur auf das Positive sehen, dass es sich leicht wie eine Gesetzesübertre-tung anfühlen kann, sich auf ihren Verlust zu konzentrieren und ihn zu beweinen.

Kürzlich traf ich mich zu einem Beratungsgespräch mit einer Frau, die sagte, dass sie nie weint und Schwierigkei-ten damit hat, ihre Bedürfnisse anderen gegenüber auszudrü-cken. Das Verblüffende dabei ist, dass sie die Superfrau ist, die alle Bedürfnisse anderer erfüllt und macht, dass sie sich geliebt und angenommen fühlen. Doch wenn es um sie selbst geht, würde sie lieber jemand anderem zuhören als das zum Aus-druck zu bringen, womit sie gerade zu kämpfen hat.

An diesem Tag saß Megan in meinem Büro und fing an mir ihre Geschichte zu erzählen. Ihr Vater starb, als sie noch sehr jung war, was bei ihr in jungem Alter einen unglaublichen Schmerz hinterließ. Als sie ungefähr 18 war, bekam sie einen Telefonanruf, dass ihre Mutter bei einem Autounfall ums Leben gekommen war. Sie war in Schrecken versetzt und allein. Innerhalb eines Tages hatte sie zuerst Pläne gemacht, Zeit mit ihrer Mutter zu verbringen, und jetzt war sie allein auf dieser Welt.

Kurz nachdem ihre Mutter gestorben war, versammelten sich ihre Freunde und Familie für die Beerdigung. Es wurden freundliche Worte gesprochen und schöne Lieder gesungen, und bald war alles vorüber. Nach der Beerdigung scharten sich Megans Freunde um sie und brachten sie für eine Zeit des Lobpreises ins Wohnzimmer ihres Hauses. Sie hatten das Gefühl, dass sie ein neues Kapitel in ihrem Leben beginnen, und sich durch Lobpreis einen Weg aus dieser schrecklichen Zeit heraus bahnen musste.

Je länger ich Megan an diesem Tag zuhörte, desto mehr verstand ich, dass sie sich nie erlaubt hatte, den Verlust ihrer Eltern zu betrauern. Und weil Megan nie getrauert hatte, war sie nie von dem Schmerz frei geworden. Megans Freunde hatten gute Absichten damit, dass sie wollten, dass sie frei von Schmerz ist und Freude fühlen und Gott loben kann. Doch sie realisierten nicht, dass sie in ihrem Schmerz gefangen war, weil sie ihr nicht erlaubten wegen ihres Verlustes zu trauern und ihren Schmerz zu verarbeiten.

Megan hatte sich selbst nie gestattet, alle Bereiche in ihrem Herzen zu betreten, weil sie glaubte, dass der Schmerz niemals weggehen würde. Deshalb war es zwecklos überhaupt erst dorthin zu gehen. Sie war gefangen in der Fassade, dass sie niemals traurig war, doch sie spielte die Fröhlichkeit nur. In Wirklichkeit schrie ihr Herz nach jemandem, der ihren Schmerz sah.

Wenn wir uns nur erlauben fröhlich zu sein, ist das genauso gestört, wie wenn wir uns nur erlauben, Schmerz zu fühlen. Wie wir im vergangenen Kapitel gelernt haben, hat Gott alle Emotionen geschaffen, und jede erfüllt einen bestimmten Zweck.

Megan und ich verbrachten einen großen Teil der Zeit in diesem Beratungsgespräch damit, den Blick auf die Realität zu richten, dass ihre Mutter und ihr Vater nicht zurückkommen würden. Ich ließ sie Dinge tun wie in einem Brief an ihre Mutter schreiben, wie sie sich an dem Tag gefühlt hat, an dem sie gestorben ist. Oder in einem Tagebucheintrag, wie es sich angefühlt hat, diesen Telefonanruf zu bekommen. Megan begann zu verstehen, dass sie in ihrem Schmerz nicht alleine war. Gott hatte die Antworten auf das, wo sie gerade stand und was sie brauchte. Indem sie die Realität des Verlustes verarbeitete und den Kontakt zu ihrem Herzen herstellte, konnte sie mit der Zeit ihren Tränen freien Lauf lassen und der Wirklichkeit ins Auge sehen, die sie so sehr gefürchtet hatte. Bis auf den heutigen Tag ist Megan frei von dem Schmerz, sich selbst nicht zu kennen und dem Gefühl, allein auf der Welt zu sein.

WENN WIR UNS NUR ERLAUBEN FRÖHLICH ZU SEIN, IST DAS GENAUSO GESTÖRT, WIE WENN WIR UNS NUR ERLAUBEN, SCHMERZ ZU FÜHLEN. GOTT HAT ALLE EMOTIONEN GESCHAFFEN, UND JEDE ERFÜLLT EINEN BESTIMMTEN ZWECK.

Den Schmerz auslöschen

Mit der Realität kommt oft ein Ansturm von Emotionen, die sich alle innerlich angestaut haben. Wie gesagt, der Durchschnittschrist will das unterdrücken, was er wirklich fühlt, weil es irgendwie fast wie eine Sünde erscheint, Gedanken zu haben, die nicht voller Freude sind.

Als ich begann, die Tatsache zu verarbeiten, dass Heather mich wegen eines anderen Mannes verlassen hatte, hatte ich unzählige Emotionen, von Zorn und Hass bis hin zu Kummer und

Trauer. Sie zeigten sich oft auf unterschiedliche Weise. Ich erlaubte mir selbst, schonungslos ehrlich zu sein mit dem, was ich wirklich fühlte im Bezug auf das, was mir widerfahren war.

Wenn Sie sich an Kapitel 4 zurückerinnern (Der Gerechtigkeit gedient), dann wissen Sie, dass mein Herz an Heathers Wohlbefinden und ihrer Heilung interessiert war. Doch für mich selbst konnte ich nicht beiseite schieben oder verdrängen, dass ich mich furchtbar schlecht behandelt und über den Tisch gezogen fühlte.

Ich habe mehrere Monate lang traurige Lieder und unmissverständlich ehrliche Briefe über das geschrieben, was passiert war und wie es mir ging; Briefe, die ich niemals abschickte. Wochenlang wachte ich jede Nacht ungefähr um drei Uhr morgens mit Gedichten im Kopf auf. Ich gab mir die Erlaubnis zu kreischen, zu schreien und Briefe über das zu schreiben, was sie getan hatte und wie falsch das gewesen war, solange es keinem anderen schadete (natürlich musste ich sichergehen, dass die Kinder mich nicht hören konnten).

DADURCH, DASS ICH DARÜBER EHRLICH MIT MIR SELBST WAR, WAS IN MIR VOR SICH GING, IN DER VERSCHWIEGENHEIT MEINES EIGENEN ZUHAUSES, KONNTE ICH MEINE GEFÜHLE REINIGEN, OHNE IRGENDJEMANDEN UM MICH HERUM ZU VERLETZEN.

Dadurch, dass ich darüber ehrlich mit mir selbst war, was in mir vor sich ging, in der Verschwiegenheit meines eigenen Zuhauses, konnte ich meine Gefühle reinigen, ohne irgendjemanden um mich herum zu verletzen. Ich habe es immer wieder gesehen, dass Leute, die einen gewaltigen Schmerz durchmachen und ihn nie in der Sicherheit ihres eigenen

Zuhauses verarbeiten, normalerweise zum falschen Zeitpunkt explodieren.

Die Emotionen, die ich durch ein Lied oder Gedicht ausdrückte, waren kein Ausdruck dessen, wie ich für Heather empfinden wollte oder wo ich plante für immer stehen zu bleiben. Sie waren vielmehr Momentaufnahmen, wie ich mich in diesem Augenblick fühlte. Weil ich viel Zeit damit verbrachte, mir gegenüber ehrlich zu sein und Dinge laut auszusprechen, spürte ich keine wütende Bombe in mir, die explodieren wollte, als ich ihr persönlich begegnete.

Wahre Männer und Frauen weinen

Wir leben in einer Welt, in der die Helden aus Kobaltstahl gemacht sind. Sie sind unantastbar für die Naturgesetze der Menschheit, können die Scharen der Hölle mit nur einem brennenden Pfeil besiegen und gehen völlig unversehrt daraus hervor. Diese Fernseh-Helden brennen sich in unser Gedächtnis ein als die Spitze der Gesellschaftshierarchie. Unsere Frauen verehren sie, und unseren Männern wird beigebracht, ihre kaltherzigen Ehrennadeln zu loben und wie sie sein zu wollen. Diese Männer fühlen keinen Schmerz, fürchten nichts Böses und können eine Frau wie ihre letzte schlechte Gewohnheit fallenlassen.

Genauso haben auch viele Eltern gut daran gearbeitet, dieses Glaubenssystem zu verstärken, dass es abnormal ist verletzlich zu sein, und dass es vor allem nicht in Ordnung ist, seine Gefühle zu zeigen. In vielen Familien fällt es den Kindern sehr schwer, ehrlich mit ihren Gefühlen umzugehen, weil es ihre Eltern ihnen nicht vorleben. Und in den meisten Familien werden Gefühle versteckt, wie nicht bekannte Sünden. Diese unrealistische Sichtweise der Menschheit hat stark zur Desensibilisierung unserer Emotionen beigetragen.

Ein Kind wird sie führen

Gott hat Ihnen beigebracht, wie man seinen Schmerz verarbeitet, lange bevor Ihnen beigebracht wurde, dass Helden keinen Schmerz empfinden und dass Familienmitglieder ihre Herzen verstecken. Wenn Sie schon einmal beobachtet haben, wie kleine Kinder spielen, dann wissen Sie, dass es nur eine Frage der Zeit ist, bis das Fass überläuft und das Weinen beginnt. Bei uns zu Hause sieht es oft so aus, wie wenn eines der älteren Kinder irgendwie ein jüngeres ausnutzt. Ich muss nicht einmal im selben Zimmer sein wie die Kinder, um sagen zu können, was passiert ist, weil ich das schrille Kreischen von nebenan höre. Normalerweise muss ich anwesend sein, damit das vorliegende Problem geklärt werden kann. Das Interessante bei diesen Interaktionen ist nicht das, was während des Konflikts geschieht, sondern das, was danach kommt. Mein Jüngster, der so heulen kann, dass die ganze Nachbarschaft ihn hört, spielt nach nur ein paar Minuten wieder glücklich mit den anderen Kindern zusammen. Wie geht das? Wenn das eine Gruppe von Erwachsenen wäre, bräuchte die Person, die übervorteilt wurde, Tage oder Wochen um sich davon zu erholen. Kinder haben jedoch eine angeborene Fähigkeit Kummer zu bewältigen, weil sie das richtige Glaubenssystem haben. Es hat ihnen noch keiner beigebracht, dass es nicht okay ist Gefühle zu zeigen. Ohne auch nur darüber nachzudenken, beginnen sie zu weinen, sobald sie Schmerz verspüren. Ihr Weinen reinigt sie von den Gefühlen der Verletzung, die sie in diesem Moment empfinden. Und wenn das Weinen einmal erledigt ist, ist das Gefühl bearbeitet, und das Leben geht weiter, wie es fröhlicher nicht geht.

Es hat einmal jemand gesagt: „Wenn man weint, verliert man sich völlig." Und er hatte Recht! Was uns von den Medien und unseren Eltern über das Weinen und Emotionen zeigen beigebracht wurde, muss sich ändern! Der Mann aus Kobalt-stahl ist innerlich ganz verrostet. Und der kaltherzige Lone Ranger Vater reitet auf seinem Pferd in den Sonnenunter-gang und sucht nach seinem Herzen. Gott hat uns mit der Fähigkeit zu weinen geschaffen, weil Er wusste, dass wir eine Möglichkeit brauchen, unseren Schmerz loszuwerden. Wenn wir uns selbst nicht das Recht dazu geben, das herauszulassen, was in uns drin ist, dann staut es sich in unserer Seele an und verhärtet unsere Herzen. Wenn wir lange genug verletzt sind, werden wir irgendwann schließlich von bitteren Lügen und bösen Schwüren überwältigt.

WENN WIR UNS SELBST NICHT DAS RECHT DAZU GEBEN, DAS HERAUSZULASSEN, WAS IN UNS DRIN IST, DANN STAUT ES SICH IN UNSERER SEELE AN UND VERHÄRTET UNSERE HERZEN.

Ein schädliches Glaubenssystem entlarven

Lügen nehmen Gestalt an in einer Welt, in der Leute dafür bestraft werden Gefühle zu zeigen, oder in der es keine Schmerzlinderung gibt. Sind Sie gefühllos? Gehen Sie umher und wünschten, Sie könnten mehr empfinden, aber Sie kön-nen es nicht? Lassen die laut ausgesprochenen Worte „Ich liebe dich!", ein seltsames Brennen durch Ihren Körper strömen? Oder erscheint Ihnen der Gedanke unsinnig und schwach, Ihre Bedürfnisse mit anderen zu teilen? Das sind alles Anzei-chen dafür, dass Sie einem Glaubenssystem von Lügen unter-liegen.

Johannes, der Apostel der Liebe, schrieb: „Und unsere Liebe kennt keine Angst, weil die vollkommene Liebe alle Angst vertreibt. Wer noch Angst hat, rechnet mit Strafe, und das zeigt, dass Seine Liebe in uns noch nicht vollkommen ist."

(1. Johannes 4,17b+18) Wenn Sie die Furcht aus Ihrem Glaubenssystem herausreißen könnten, würden Sie schnell herausfinden, dass Sie eine Marionette waren, die vom Meister der Furcht durch das Leben getanzt wurde. Ihre Gedanken, Worte und Taten wurden alle verschmutzt von der Furcht vor Bestrafung oder einer unbegründeten Lüge.

Lassen Sie mich erklären. Megan (die Frau am Anfang dieses Kapitels, deren Eltern gestorben waren) gestattete sich nicht zu weinen oder Bedürfnisse zu haben. Als sie mir das erzählte, ließ ich sie ihre Augen schließen und bat sie, mir das zu nennen, was ihr als erstes in den Sinn kam.

Megan sagte: „Ich glaube, wenn ich einmal anfange zu weinen, dann kann ich nicht mehr aufhören."

Dann fragte ich Megan, was sie glaubte, was die Wahrheit über Schmerz war. Sie antwortete schnell: „Dass es kein Heilmittel für Schmerz gibt." Vor unserer Unterhaltung hatte Megan noch nie bewusst darüber nachgedacht, dass sie glaubte, dass das Weinen niemals aufhörte, und dass es keine Heilung für Schmerz gibt. Megan lebte ihr Leben gebunden in Furcht und vom Herrn der Lüge bestimmt. Wenn sie die Lügen nicht entwurzelte, würde sie gefangen bleiben. Ich habe gemerkt, dass Christen so viel verarbeiten, dass wir uns selbst aus dem herausreden, was wir wirklich glauben. Doch als Megan mir erzählte, was ihr als erstes durch den Kopf ging, als sie ihre Augen schloss, wusste ich, was sie in ihrem Unterbewusstsein wirklich glaubte. Wir müssen verstehen, dass wir nicht nur aus unserem Bewusstseinszustand heraus handeln. Die Entscheidungen, die wir treffen, und wie wir uns verhalten sind Manifestationen unserer unterbewussten Gedankenprozesse.

Die Entscheidungen, die wir treffen, und wie wir uns verhalten sind Manifestationen unserer unterbewussten Gedankenprozesse.

Ich erinnere mich daran, wie ich eines Tages eine so starke innere Unruhe gespürt habe, dass ich sie gar nicht loswerden konnte. Es war wie ein schlechter Traum, aus dem ich aufgewacht war und den ich nicht von mir abschütteln konnte. Schließlich wurde ich so müde von diesem Gefühl, dass ich mich mitten am Tag für ein Nickerchen in mein Bett zurückzog in der Hoffnung, etwas von dieser Anspannung befreit zu werden. Als ich im Bett lag, begann ich den Heiligen Geist zu fragen, warum ich diese innere Unruhe spürte. Was Er mir sagte war schockierend.

Er sagte: „Du benutzt Furcht als ein Werkzeug. Du hast dich mit ihr verbündet, damit sie dir hilft."

Ich weiß ja nicht, wie das bei Ihnen ist, aber ich will für nichts auf dieser weiten Welt Furcht zu irgendeiner Art Partner machen. Das wäre, wie wenn ich mein Bett in ein Alligatorennest verwandelte! So fragte ich den Heiligen Geist: „Wie habe ich die Furcht zu meinem Partner gemacht?"

Er sagte: „Du wartest bis zur letzten Minute um Dinge zu erledigen, bis du dich innerlich unruhig fühlst. Wenn du dann diese Furcht spürst, bist du dazu motiviert, Aufgaben zu erledigen, die du bisher vernachlässigt hast." Mir gingen Lichter auf, als Er mir diese Partnerschaft offenbarte, die ich mit der Furcht geschlossen hatte.

Viele Leute haben das gleiche mit der Angst getan. Sie gehen Partnerschaften mit der Angst ein um sich vor Zurückweisung zu schützen. Die Furcht hat ihnen Dinge eingeredet wie: „Wenn du versuchst, du selbst zu sein, wirst du abgelehnt werden." Oder: „Die einzige Möglichkeit, wie du es durch diese schwierige Zeit hindurch schaffen kannst, ist dich medizinisch mit Pornografie zu behandeln." Oder sogar Täuschungen wie: „Niemand weiß, wie du dich fühlst. Keiner kann dich wirklich verstehen." Lügen wie die, denen Megan geglaubt hat, nehmen die Seele gefangen und machen Sie zu einer machtlosen Marionette der Furcht.

Die Lüge entdecken

Vollkommene Liebe treibt alle Furcht aus! Das Kraftvollste, was Sie für sich selbst tun können, wenn Sie in Angst gebunden sind, ist, Gottes vollkommener Liebe Einlass zu gewähren und sie Ihr Herr sein zu lassen. Seine Liebe treibt buchstäblich die Lügen aus, die Sie gebunden und verschlossen gehalten haben. Aber zuerst müssen Sie herausfinden, wie Sie sich mit der Furcht verbündet haben.

Als Megan mir erzählte, dass sie glaubte, sie würde niemals aufhören zu weinen, wenn sie einmal angefangen hatte, bat ich den Heiligen Geist, ihr die Wahrheit zu zeigen. Der Heilige Geist fing an ihr zu offenbaren, dass sie heil werden würde, wenn sie sich erlaubte zu trauern und Gefühle zu haben. Wir baten den Heiligen Geist, dass Er ihr die Wahrheit über Schmerz zeigte. Er zeigte ihr, dass Schmerz nichts Unheilbares war, sondern dass man sich genau genommen ziemlich leicht darum kümmern konnte.

Als ich herausfand, dass ich eine Partnerschaft mit der Furcht eingegangen war, musste ich das gleiche tun, was der Heilige Geist Megan lehrte. Ich musste das Bündnis brechen, das ich mit der Furcht geschlossen hatte. Das ist ein einfacher Vorgang, in dem man sich von der Lüge lossagt, die man als wahr angesehen hat, und Gottes Wahrheit an ihrer statt annimmt.

Maßnahmen ergreifen

Das Wichtige, das man dabei verstehen muss, ist: Sie können sich den lieben langen Tag von Lügen lossagen und Bündnisse brechen, doch wenn Sie Ihr Handeln nicht verändern, dann haben Sie letztendlich überhaupt nichts getan um etwas in Ihnen zu verändern. Als ich zum Beispiel das Beratungsgespräch mit Megan beendet hatte, schickte ich sie nach Hause um sich mit ihrem Schmerz zu verbinden und das Weinen zu lernen. Indem sie das tat, zerriss sie die Fesseln der Furcht, die sie so lange gebunden gehalten hatten.

An dem Tag, als ich herausgefunden hatte, dass Furcht mein Partner geworden war, musste ich eine Entscheidung treffen: *Lerne ich, die Dinge rechtzeitig zu erledigen, oder werde ich sie weiterhin vor mir herschieben, wie ich es bisher getan hatte?* Ich konnte nicht das Bündnis mit der Furcht brechen, aber gleich weitermachen wie zuvor. Mein Verhalten musste mein neues Glaubenssystem widerspiegeln.

Wenn Sie sich in diesem Kapitel wiederfinden, dann hat Sie die lügende Zunge der Anklage bisher in Ihrer Furcht und Ihrem Schmerz eingeschlossen. Damit Sie wirklich zur Freiheit durchbrechen können, müssen Sie anfangen, sich einige Fragen zu stellen und die Bündnisse zu brechen, die Sie eingegangen sind.

Wenn Sie sich in diesem Kapitel wiederfinden, dann hat Sie die lügende Zunge der Anklage bisher in Ihrer Furcht und Ihrem Schmerz eingeschlossen.

Wenn Sie noch nie Ihre Emotionen zeigen konnten, fragen Sie sich selbst, was Sie glauben, was passiert, wenn Sie Gefühle ausdrücken. Wenn Sie immer wütend gewesen sind, fragen Sie sich, was Sie glauben, was passiert, wenn Sie Ihren Ärger ablegen. Wenn Sie nie „Ich liebe dich!" sagen konnten, fragen Sie sich, was Sie glauben, was passiert, wenn Sie den Leuten um sich herum sagen, dass Sie sie lieben. Die Chancen stehen gut, dass Sie beginnen die Wahrheit darüber herauszufinden, warum Sie so sind, wie Sie sind.

Wenn Sie das getan und die Lügen gefunden haben, ist es an der Zeit, den Heiligen Geist zu fragen, was die Wahrheit über die Lügen ist, denen Sie geglaubt haben. Wenn Sie sich dann von den Lügen losgesagt und die Wahrheit angenommen haben, ist es dran, Ihre Gedankenprozesse und Ihre täglichen Verhaltensmuster zu verändern.

Übung macht Mut

Die meistverbreitete Erwartung, die mir in der Seelsorge begegnet ist, ist, dass Leute Ergebnisse in „Tablettenform" wollen. Sie kommen mit großen Lebensproblemen und erwarten von mir, dass ich ihnen zwei Zauberpillen gebe, mit denen alle Probleme verschwinden, wenn sie sie dreimal täglich einnehmen. Natürlich ist das nicht einmal annähernd so, wie es funktioniert. Die Wahrheit ist, dass Sie wahrscheinlich genau das tun müssen, wovor Sie Angst haben. Die gute Nachricht ist, dass Übung Mut macht.

Der Schlüssel dazu, auf einem bestimmten Gebiet völlig heil zu werden, ist, sich auf diesem Gebiet stark zu machen. Wenn Sie sich zum Beispiel ein Leben lang verschlossen haben, weil Sie Angst davor haben abgewiesen und verletzt zu werden, dann würde ich Ihnen empfehlen, ein Buch darüber zu lesen, wie man angemessene Grenzen setzt, und Lehre darüber zu bekommen, wie man seine Gefühle vermittelt, sodass Sie sich auf den Weg machen, auf diesem Gebiet eine starke Persönlichkeit zu werden. Wenn Sie Angst hatten, Emotionen zu verarbeiten, dann würde ich Ihnen stark empfehlen, ein Tagebuch zu führen und sich zu erlauben sich mit Gott zusammenzusetzen und den Schmerz Ihrer Vergangenheit aufzuarbeiten. Erlauben Sie Ihm, die Fragen zu beantworten, die so viel Schmerz in sich getragen haben. Ich empfehle

Ihnen sogar, Briefe zu schreiben, die Sie nie verschicken, und Gedichte, die nur Sie lesen um Ihren Schmerz zu verarbeiten.

Die Grenzlinien für die Gesundheit

Eine der häufigsten Fragen, die mir gestellt werden, lautet: „Wie oft soll ich meinen Schmerz verarbeiten?" Irgendwann muss man jeden schmerzvollen und angsterfüllten Gedanken und jede Erinnerung aufarbeiten, denn alles, was man fürchtet zu betrachten, wird einen zwangsläufig gebunden halten. Schmerz zu verarbeiten verhält sich ähnlich wie Gewichtheben. Wenn Sie jeden Tag 8 Stunden Gewichte stemmen, dann werden Sie nicht stärker, sondern bauen Ihren Körper bis zu dem Punkt ab, an dem Sie nicht mehr funktionieren können. Schmerz zu verarbeiten ist jedoch in vielem wie Gewichtheben. Wenn Sie den ganzen Tag lang Ihren Schmerz bearbeiten, und sich nie eine emotionale Pause gönnen, sind Sie auf dem Weg zum emotionalen Zusammenbruch. Sie werden so müde und schwach, dass Sie depressiv werden können.

Wann immer Sie sich depressiv fühlen, glauben Sie wahrscheinlich einer Lüge. Weiter vorne in diesem Kapitel habe ich darüber gesprochen Lügen abzuwehren. Erinnern Sie sich an Kapitel 5, in dem ich über die Früchte der harten Zeiten geschrieben habe? Wenn Sie anfangen sich hoffnungslos zu fühlen, blättern Sie zurück und lesen Sie dieses Kapitel noch einmal. Und dann lassen Sie sich von Ihren Freunden daran erinnern, was Ihre wahre Bestimmung ist und was Gott über Sie sagt. Wenn Sie eine stressige Zeit durchmachen, ist es auch wichtig, dass Sie gesund essen, gut schlafen, sich bewegen und Spaß haben. Ich habe gemerkt, dass die meisten Leute, die Zusammenbrüche erleiden, an diesen einfachen Schritten gescheitert sind.

Lassen Sie mich deutlich sein: Wenn ich davon rede, jeden

Gedanken durchzugehen, dann bezieht sich das vor allem auf Ereignisse, die Ihnen immer noch Schmerzen bereiten, nicht etwas, was schon seit langer Zeit verheilt ist und nicht mehr wehtut. Es ist wichtig, sich daran zu erinnern, dass Schmerz nie als Lebensstil gedacht war – etwas, mit dem man ewig lebt. Der Schmerz hilft Ihnen vielmehr, das Problem zu definieren, sodass es aus Ihrem Leben gelöscht werden kann. Wenn man den Schmerz überbetont, kann das einen Märtyrerkomplex schaffen und zu einem Lebensstil werden anstatt zu einem Werkzeug, das die Zerrissenheit aufzeigt, damit sie geflickt werden kann.

Bevor Sie zum nächsten Kapitel übergehen, nehmen Sie sich die Zeit, wirklich jeden Schmerz zu bearbeiten, den Sie in Ihrem Herzen spüren. Sie müssen sich daran erinnern, dass jeder schmerzhafte Gedanke ein Geschenk sein kann, das Sie der Heilung näher bringt. Durch den Prozess, in dem Sie Ihren Schmerz betrauern und Lügen mit Wahrheit ersetzen, gehen Sie auf emotionale Gesundheit zu. Im nächsten Kapitel werden Sie sehen, wie Vergebung mit der Wahrheit zusammenspielt um unsere Herzen zu heilen und unsere Seelen zu befreien.

,

Kapitel 8

Die *übernatürliche Kraft* der *Vergebung*

Jody Bell war eine Art Schönheitskönigin. Sie war jung, hatte sanftes, braunes Haar, eine großartige Gesichtshaut und unglaubliche Schönheit. Sie war so schön, dass es ihr zum Nachteil wurde. Ihr Vater war nicht anwesend, und sie hatte nur eine verzweifelte Mutter, auf die sie sich stützen konnte. Sie wurde ein Meister darin, ihre körperlichen Eigenschaften dazu zu nutzen, Männer anzuziehen um ihre Bedürfnisse zu stillen. Es folgte eine Verletzung nach der anderen, während ihr Bedürfnis nach Liebe dramatisch anstieg. Und mit jeder Verletzung ihres Bewusstseins kam der Angriff von Lügen. Es dauerte nicht lange, bis ihr Party-Lebensstil ihr die Schönheit ihrer Unschuld nahm. Sie war wie ein Geschenk, das immer wieder neu verpackt werden musste. Sie fing an sich selbst mit Worten wie „Schlampe" oder „Hure" zu beschreiben. Sie hatte ihr Gesicht rot bemalt, denn jetzt waren Reue und Selbsthass ihre einzigen Freunde, die sie in jedem Augenblick des Tages begleiteten.

Der Schmerz sich selbst zu verlieren war unerträglich. Sie hasste das Leben, und mehr noch hasste sie sich selbst. Mit ungefähr 17 Jahren fing sie an ihre Arme zu ritzen, um auszudrücken, welche Not sie innerlich litt. Ritzen wurde zu einem Lebensstil; der einzige Ausweg für ein Mädchen, das jetzt sogar seine eigene Haut hasste. Ihre eigenen Anklagen zielten alle auf die Tatsache ab, dass sie völlig aufgebraucht und nichts mehr wert war. Wer würde schon jemanden lieben, der tiefe Narben in seine eigenen Arme geritzt hat? Jodys Geschichte ist nicht so ungewöhnlich. Auch wenn die Einzelheiten vielleicht anders sind, so bleibt die Wahrheit doch die gleiche: Es ist am schwersten, sich selbst zu lieben und zu vergeben. Vielleicht finden Sie sich in dieser Geschichte wieder, oder in einem Teil davon. Ihre falschen Entscheidungen haben Ihnen und denen, die Sie lieben, Unheil gebracht. Und weil Sie die Entscheidungen getroffen haben, können nur Sie dafür verantwortlich gemacht werden. Reue ist wie eine tödliche Wunde, die Sie in der Vergangenheit gefangen hält und langsam das Leben aus Ihnen ausbluten lässt. Bis die Wunde komplett verheilt ist, wird Ihre Zukunft immer von Reue und Selbsthass verdorben sein.

REUE IST WIE EINE TÖDLICHE WUNDE, DIE SIE IN DER VERGANGENHEIT GEFANGEN HÄLT UND LANGSAM DAS LEBEN AUS IHNEN AUSBLUTEN LÄSST. BIS DIE WUNDE KOMPLETT VERHEILT IST, WIRD IHRE ZUKUNFT IMMER VON REUE UND SELBSTHASS VERDORBEN SEIN.

Schuld und Scham

Es gibt zwei andere Gefühle, die eng zusammen hängen: Schuld und Scham. Ich helfe dabei, eine Gruppe von Männern zu betreuen, die Probleme mit sexueller Unreinheit und Sexsucht haben. Diese Männer kommen von allen möglichen Lebenshintergründen. Manche sind reich, andere arm; manche hatten großartige Eltern gehabt, andere lebten ein furchtbares Leben. Aber die meisten Männer, die in diesem Raum sitzen, sind eigentlich meine Helden. Sie haben zugegeben, dass ihr Problem viel größer ist als sie selbst.

Über neun Monate hinweg lehrte ich sie viel darüber, wie sie den destruktiven Kreislauf in ihrem Leben durchbrechen können. Aber ein Abend ragt für mich besonders heraus. Ich erklärte, welche Macht die Scham über uns hat. Ich ließ alle ihre Augen schließen und fragte: „Wie viele von Ihnen haben gerade mit Scham zu kämpfen?" An gerade diesem Abend waren wahrscheinlich etwa 45-50 Männer im Raum, und alle außer drei von ihnen hoben die Hand. Dann sagte ich ihnen, sie sollen den Heiligen Geist fragen, warum sie die Scham in ihrem Leben behalten haben. Nach ein paar Minuten Stille fragte ich jeden einzelnen, was der Heilige Geist ihnen gezeigt hatte.

Der erste Mann, der sprach, war seit Monaten, oder wahrscheinlich sogar seit einem Jahr befreit von Pornografie. Doch bevor er in diese Gruppe kam, hatte er seine gesamte Familie aufgrund seiner Abhängigkeit verloren. Ich fragte ihn, was der Heilige Geist ihm gezeigt hatte. Wenn er frei von Pornografie war, warum hatte er dann immer noch Scham in seinem Leben?

Er saß kurz da und dachte nach, bevor er verlegen antwortete: „Der Heilige Geist zeigte mir, dass ich die Scham behalten hatte, damit die Leute denken, dass es mir aufrichtig leid tut, was ich getan habe. Wenn ich mich in der Gemeinde aufhielt, der Ort, an dem die Leute am meisten verletzt waren, und dabei glücklich war, glaubte ich, dass sie nicht glauben würden, dass ich wirklich Buße getan hatte und dass es mir leid tat."

Ich machte dann weiter und bat den Heiligen Geist ihm zu zeigen, wo er seine Identität verankert hatte. Nach kurzem Nachdenken sagte er: „In der Gesäßtasche meiner Ex-Frau!"

Ich sagte: „Das stimmt! Wenn Ihre Frau Ihnen vergeben hätte und glücklich wäre, würden Sie sich selbst auch vergeben und hätten keine Probleme mit dem, wer Sie sind. Doch weil Ihre Frau sich dazu entschieden hat in Bitterkeit zu leben, fühlen Sie sich schuldig, weil Sie frei und glücklich sind, weil Sie wissen, was Sie getan haben."

An diesem Abend entdeckten alle Männer, dass Scham eine Fassade war, ein Schutz, den sie benutzt haben, damit die Welt sie in einem bestimmten Licht sieht. Eine der kraftvollsten Offenbarungen, die ein Mann an diesem Abend hatte, war, dass er Scham dazu benutzt hatte, sich im Himmel zu halten. Er begann und sagte: „Wenn ich auf eine Reise ging, war das allererste, was ich in meine Tasche packte, Scham. Ich kann mich nicht daran erinnern, dass ich einmal einen Tag lang ohne sie unterwegs war."

Eben dieser Mann war Mitte vierzig, hatte vier Kinder und eine hübsche Frau. Seine frühesten Kindheitserinnerungen sind die, dass er im Flur saß und darauf wartete, dass sein Vater mit dem Porno fertig war, damit er mit ihm spielen konnte. Offenbar sind die Sünden seines Vaters an ihn weitergegeben worden, und wie sein Vater war auch er seit seiner Jugendzeit in Pornografie gefangen gewesen. Ich fragte: „Was meinen Sie damit, wenn Sie sagen, dass die Scham Sie im Himmel hält?" Er erklärte, dass das Gefühl der Scham ihn jeden Tag daran erinnert, wie schrecklich er sich fühlte, wenn er sich Pornografie anschaute. Er glaubte, dass er ohne das Gefühl der Scham gleich wieder dahin zurückgehen würde.

Jeder einzelne dieser Männer lernte an diesem Abend etwas über die destruktive Kraft der Scham. Obwohl viele von ihnen schon seit Monaten frei von Pornografie waren, Buße getan und um Vergebung gebeten hatten, trugen sie immer noch die Scham mit sich herum, wie wenn sie ein Geschenk an sie wäre. In Wirklichkeit ist Scham ein feuriger Pfeil, abgeschossen vom Teufel persönlich, der dazu bestimmt ist, eine Person in ihrer Sünde gefangen zu halten. Wenn sie die Möglichkeit dazu hat, wird die Scham sich als Ihr bester Freund verkleiden und Sie davon überzeugen, dass sie nur dazu da ist, Ihnen zu helfen. Währenddessen raubt sie Ihre Freiheit und vergewaltigt Ihre Identität.

Sünde ist die Hand des Teufels, die Gottes Meisterwerk – die menschliche Seele – zu einer zusammengefallenen Leiche verunstaltet. Satans Lügen und Anklagen sind mit gerade genügend Wahrheit gewürzt, dass die Pille leicht zu schlucken ist. Doch jedes Mal, wenn Sie einen Gedanken über sich selbst in Ihrem Kopf haben, der nicht von Gottes Herzen kommt, sündigen Sie gegen Ihren eigenen Körper. Paulus sagte: „Denn alle Menschen haben gesündigt und das Leben in der Herrlichkeit Gottes verloren." (Römer 3,23) Aus diesem Grund starb Christus am Kreuz und gab sich selbst hin, sodass wir nicht mehr länger in den Gesetzen der Sünde gefangen leben, sondern frei sind in unserer gottgegebenen Identität als Söhne und Töchter des lebendigen Königs!

Egal, was Sie getan haben: Dieselbe Freiheit, die mir entgegengebracht wurde und mich freigesetzt hat, wird auch Sie freisetzen. Wenn Sie die Gnade Christi verstehen und was Er für Sie am Kreuz getan hat, werden Ihnen die Fesseln der Schuld abgenommen, weil Christus schon für Ihre Sünde bezahlt hat.

Wenn Sie das Verbrechen begangen haben, dann müssen Sie sich selbst die gleiche Vergebung entgegenbringen wie jemand anderem, und Sie müssen sich in die Ganzheit zurück lieben, wenn Sie völlig frei und heil sein wollen. Um an diesen Punkt zu gelangen brauchen Sie das richtige Verständnis von Buße. Wenn Sie nicht herausfinden, was das eigentliche Problem ist (die Wurzel), werden Sie immer daran hängen, einen Kreislauf des Schmerzes zu bewältigen. Und ohne dass Sie die Gründe klären, warum Sie sich selbst nicht lieben oder warum Sie Schuld und Scham über Ihr Leben haben herrschen lassen, können Sie sich den lieben langen Tag wünschen anders zu sein. Doch es wird sich nichts verändern, weil sich der Kreislauf der Sünde wiederholt.

Auf Buße und Grundprobleme zugehen

Erst kürzlich beriet ich einen Mann, der mit Pornografie kämpfte. Er erzählte mir, dass er sich normalerweise ungefähr einmal im Monat oder so Pornografie anschaut. Nachdem ich mir seine Geschichte angehört hatte, fragte ich ihn einfach: „Wie fühlen Sie sich genau, bevor Sie sich einen Porno ansehen?" Er sagte: „Ich fühle mich allein und außer Kontrolle." Ich begann ihm mehr Fragen zu stellen um herauszufinden, wo die Einsamkeit und das Gefühl der Unkontrollierbarkeit herkamen. Ich fragte also: „Wie war Ihre Kindheit? Erzählen Sie mir von Ihren Eltern." Er erklärte mir, dass sein Vater ihn verlassen hatte, als er sehr jung war. Und selbst wenn sein Vater jetzt Teil seines Lebens war, so hatten sie doch überhaupt keine tiefgehende Beziehung. Seine Mutter wusste nicht richtig, wie sie mit der Scheidung fertig werden sollte, und so zog sie in ihren besten Bemühungen sein Leben lang von einem Ort zum anderen um. Wie sich seine Vergangenheit vor mir entfaltete, wurde es unübersehbar deutlich, warum er sich einsam und unkontrolliert fühlte.

Die wichtigsten Menschen in seinem Leben (seine Mutter und sein Vater) waren emotional von ihm entfernt. Als er sie am meisten gebraucht hatte, waren sie nicht da gewesen um ihm zu helfen. Um es noch schlimmer zu machen, so schuf die Unfähigkeit seiner Mutter, sich niederzulassen in ihm ein

Gefühl der Hoffnungslosigkeit.

Aus dem Koffer zu leben und sich nie niederlassen zu können um Wurzeln zu schlagen, rief ein unglaubliches Gefühl von Einsamkeit und Instabilität hervor. Als kleines Kind hatte er keine Möglichkeit sein Bedürfnis nach Intimität zu stillen. Deshalb wurde Pornografie seine Flucht davor, sich machtlos und unbekannt zu fühlen.

Bevor er in mein Büro kam, dachte er, er habe ein Problem mit Pornografie. Doch als er mein Büro verließ, verstand er, dass Pornografie nur ein Symptom eines viel größeren Problems war. Er hatte nie erfahren, wie seine Bedürfnisse durch gesunde Beziehungen gestillt werden.

Die Scham sagte ihm, dass er als unverantwortlich angesehen würde und letztendlich abgewiesen würde, wenn er jemanden um Hilfe bat. Jetzt wusste er, dass er Buße tun und seine Denkweise über Beziehungen und das Leben verändern musste. Er musste lernen, wie seine Bedürfnisse von Gott und der Gemeinschaft um ihn herum gestillt werden können, damit er frei werden konnte von seinem Kreislauf der Zerstörung und Schuld.

Völlige Freiheit in der Vergebung finden

Vergebung ist eine der am meisten missverstandenen und missbrauchten Wahrheiten im Reich Gottes. Ich habe buchstäblich hunderte von Menschen getroffen, die jahrelang versucht haben, anderen zu vergeben. Obwohl ihre Bemühungen echt waren und ihre Herzen am richtigen Fleck, kämpften sie weiterhin jahrelang gegen Bitterkeit und Beleidigung an.

Vergebung bedeutet nicht, dass Sie sich gut fühlen müssen wegen dem, was Ihnen passiert ist. Es bedeutet auch nicht, dass Sie sich mit demjenigen versöhnen müssen, der die Verletzung verursacht hat. Und ebenso bedeutet es nicht, dass Sie jemals einer Person vertrauen müssen, die Sie verletzt hat. Vertrauen und Vergebung sind nicht ein- und dieselbe Sache! Zum Beispiel, wenn eine Frau in einer dunklen Gasse vergewaltigt wird, muss sie dem Vergewaltiger vergeben, weil Hass und Bitterkeit sie sonst von innen her auffressen. Aber sie sollte nie mehr mit diesem Mann alleine sein. Vertrauen wird durch Beziehung gewonnen, doch Vergebung wurde von Christus am Kreuz erworben.

VERTRAUEN UND VERGEBUNG SIND NICHT EIN- UND DIESELBE SACHE! VERTRAUEN WIRD DURCH BEZIEHUNG GEWONNEN, DOCH VERGEBUNG WURDE VON CHRISTUS AM KREUZ ERWORBEN.

Jemandem Vergebung entgegenzubringen bedeutet, dass Sie Gott die Erlaubnis geben, an Ihrer Stelle Gerechtigkeit walten zu lassen, und dass Sie Leute von Ihrem Gericht befreien und von Ihren Versuchen, Gerechtigkeit durch Bestrafung zu schaffen (wir haben in Kapitel 4 über wahre Gerechtigkeit gesprochen).

In meiner Arbeit mit vielen Menschen habe ich entdeckt, dass der Heilige Geist ihnen Mitleid mit den Personen gibt, die sie verletzt haben, wenn sie Ihn fragen, wie Er diese Personen sieht. Wenn sie einmal Mitgefühl haben, dann ist es leichter Vergebung zu üben.

Jesus wurde verlassen, damit wir angenommen werden konnten

Als Jesus am Kreuz starb, steckte Er sich nicht Seine Finger in die Ohren und sagte: „La, la, la, ich denke nicht darüber nach, dass Du mich bestrafst." Stellen Sie sich einmal einen Augenblick lang vor, wie schrecklich sich Jesus – der die ganze Ewigkeit lang an der Seite Seines Vaters gewesen war – gefühlt haben muss, als Sein Vater Ihn bei der Kreuzigung verlassen hat. Er sagte: „Mein Gott, mein Gott, warum hast Du mich verlassen?" (Matthäus 27,46) Zum ersten Mal fühlte sich der ewige Sohn vom Vater getrennt! Jesus, der die Sünden der ganzen Welt auf sich genommen hatte, erlebte das Leid, das die Sünde bringt; denn Sünde trennt uns vom Vater. Der Schmerz des Verlassenseins war schlimmer als der Schmerz der Kreuzigung!

Die Bibel sagt: „Die Soldaten gaben Ihm Wein, der mit bitterer Galle vermischt war, doch als Er ihn schmeckte, weigerte Er sich, ihn zu trinken." (Matthäus 27,34) Galle könnte ein schmerzlinderndes Mittel gewesen sein, und Wein war ein wohlbekanntes Schmerzmittel. Christus weigerte sich, die Galle und den Wein zu nehmen, weil Er nicht nur für unsere Sünden sterben wollte, sondern auch wollte, dass unser Schmerz mit Ihm stirbt. Deshalb weigerte Er sich Sein Leiden zu betäuben. Darum ist es eine Entehrung des Kreuzes, wenn wir mit Schmerz leben. Wir nehmen den Schmerz nur so lange an, bis wir seine Wurzel entdeckt und die Heilung angenommen haben.

Wir nehmen den Schmerz nur so lange an, bis wir seine Wurzel entdeckt und die Heilung angenommen haben.

Wir müssen keine Angst vor dem Schmerz haben, weil er ein Feind ist, der auf Golgatha besiegt wurde. Wenn Sie wiedergeboren sind und immer noch mit etwas aus der Vergangenheit zu kämpfen haben, das Ihnen Schmerzen bereitet, gehen Sie zurück zu Kapitel 6 und 7 und bearbeiten Sie den Schmerz.

Die große Freiheit kommt, wenn wir erkennen, was Jesus für uns vollbracht hat. Aus dieser Erkenntnis heraus haben wir Mitleid mit den Menschen, die uns falsch behandelt haben. An der Stelle habe ich den größten Sieg in meinem Leben gefunden, und in den Leben derer um mich herum.

Unser Prozess der Vergebung

Es gibt viele Leute, die Jesu vollendetes Werk am Kreuz noch nicht voll in Anspruch genommen haben. Folglich leiden sie für sich selbst, anstatt die ganze Kraft von Christi Erlösung zu erleben. Diesen Punkt sah ich wieder einmal ein, als ich kürzlich abends einer jungen Frau diente, die in unserer Gemeinde in der Reihe für Fürbittegebet anstand.

Ich wusste nicht, dass ein junger Mann sich grausam an ihr vergriffen hatte, als sie ein Kind war. In dem Moment, als ich zu beten anfing, wusste ich, dass sie sich selbst nicht liebte. Ich flüsterte leise: „Sprechen Sie mir nach: Ich liebe mich selbst!"

Meine Worte ließen sie erschaudern, als der Schmerz begann, sich in ihr aufzubäumen. Sie hatte diese Qual jahrelang mit sich herum getragen, doch sie wurde unterdrückt von den Lügen, die sie gefangen hielten.

Sie wiederholte zögernd: „Ich ... ich ... ich liebe mich selbst."

Dann sagte ich: „Sagen Sie nun: Ich vergebe mir selbst."

Mit bebendem Kinn sprach sie mir die Worte nach: „Ich vergebe mir selbst."

Dann sagte ich: „Ich bin völlig geliebt."

Sie holte wieder tief Luft und versuchte ihre Emotionen zu kontrollieren, die anfingen sie zu überwältigen. „Ich bin völlig geliebt", sagte sie. Ich führte sie weiter durch das Eingestehen ihres Schmerzes. Sie kämpfte stark dagegen an, den Schmerz zu spüren, der tief in ihr vergraben war.

Ich ließ sie mir nachsprechen: „Ich distanziere mich von der Lüge, dass es nicht in Ordnung ist Schmerz zu spüren. Ich distanziere mich von der Lüge, dass Weinen Schwäche ist. Ich distanziere mich von der Lüge, dass es falsch ist, über das nachzudenken, was mir passiert ist." Als wir bei dem letzten angekommen waren, konnte ich sehen, dass der Schmerz sie völlig übermannte. Ihr ganzer Körper zitterte, und sie sagte, dass sie nicht daran denken konnte.

Ich sagte noch einmal zu ihr: „Ich möchte, dass Sie ihm in Ihren Gedanken sagen, wie Sie sich gefühlt haben, als er Sie vergewaltigt hat." Sie blieb still. Ich konnte sehen, dass sie anfing, sich durch ihren Schmerz durchzupressen, weil sie mit der Zeit wütend und immer emotionaler wurde. Plötzlich brach es in der Gebetsreihe brüllend aus ihr heraus: „Ich hasse dich! Ich hasse dich für das, was du mir angetan hast! Ich hasse dich dafür, dass du mir meine Unschuld geraubt und mich hereingelegt hast!"

So machte sie eine Weile weiter. Dann sagte ich zu ihr: „Ich möchte, dass Sie den Heiligen Geist fragen, wie Er ihn sieht." Sie hielt etwas inne um auf den Heiligen Geist zu hören und sagte dann: „Er liebt ihn genauso, wie Er mich liebt!"

An dieser Stelle fing sie an zu verstehen, dass Gott den jungen Mann genauso liebte wie sie, obwohl sie Hass und Schmerz ihm gegenüber empfand. Plötzlich empfand sie Mitleid für ihn und war bereit für den nächsten Schritt, nachdem sie sich mit dem Schmerz der Umstände ihrer Vergangenheit verbunden und verbalisiert hatte, wie destruktiv sein Verhalten ihr gegenüber gewesen war, und nachdem sie den Heiligen Geist gefragt hatte, wie Er ihn sah.

Ich begann, mit ihr die Vergebung zu durchlaufen, indem ich sie mir nachsprechen ließ: „Ich vergebe dir, dass du mich vergewaltigt hast. Ich vergebe dir, dass du mir meine Unschuld

genommen hast. Ich vergebe dir, dass du dir das genommen hast, was nicht dir gehörte, und dass du selbstsüchtig warst."
Ich verbrachte eine Zeitlang damit, jede Übertretung mit ihr durchzugehen und dann beteten wir ein Gebet des Segens über beide. Sie ging an diesem Abend völlig neu belebt aus der Gebetsreihe weg, und das Gewicht der Emotionen aus der Vergangenheit war von ihr abgenommen worden. Zum ersten Mal seit Jahren war sie frei!

Die Schlüssel zur Freiheit und Vergebung

Lassen Sie mich wiederholen, was die grundlegenden Schlüssel zur Freiheit sind, wenn Sie sich selbst oder jemand anderem helfen wollen, von der Gebundenheit in Schmerz frei zu werden:

- Verbinden Sie sich mit dem Trauma anstatt davor wegzulaufen.

- Verbalisieren Sie (alleine oder mit einem vertrauten Seelsorger), wie Sie sich durch den Täter gefühlt haben.

- Fragen Sie den Heiligen Geist, wie Er den Täter sieht und empfinden Sie Sein Mitgefühl für diese Person. Sprechen Sie dann ein Gebet der Vergebung für den Täter.

Das sind die grundlegenden Bestandteile um das Vaterherz Gottes inmitten einer schmerzlichen Situation zu erleben. Unversöhnlichkeit ist ein erbarmungsloser Zuchtmeister, der den Kerker vergangener Vergehen bewacht. Vergebung ist eine Entscheidung; aber es gibt keine Alternative für jemanden, der ein Leben führen will, das von Freude erfüllt ist. Es ist wichtig sich daran zu erinnern, dass Vergebung ein willentlicher Akt ist, kein emotionaler. Deshalb kann man die Tiefe seiner Vergebung auch nicht an seinen Gefühlen messen. Als

Jesus uns alle unsere Sünden vergab, gab Er uns die Kraft, allen zu vergeben, die uns Unrecht getan haben. Wir wissen, wenn wir wirklich vergeben haben, weil wir uns dann nicht mehr wünschen, dass derjenige, der uns falsch behandelt hat, bestraft wird.

Vergebung ist manchmal wie eine Saat, die in den guten Boden unseres Herzens gesät wurde. Wenn Sie die Saat der Vergebung bewässern, indem Sie sich immer wieder daran erinnern, dass Sie die Person oder Personen, die Sie verletzt haben, von der Strafe frei sprechen, dann beginnt der Schmerz in Ihrer Seele sich aufzulösen. Wenn Sie einmal die richtigen Entscheidungen getroffen haben, hören Ihre Wunden auf zu eitern, und Ihr Herz heilt. Auch wenn dieser Prozess Zeit brauchen kann, können Sie doch sicher sein, dass Sie völlig heil werden.

Kapitel 9

Wahre Liebe

Ich stieg erschöpft von der Arbeit eines anstrengenden Tages ins Bett, fiel schnell in einen tiefen Schlaf und begann zu träumen. Es fühlte sich an wie ein Augenblick, dann war ich in einem Zimmer aus Glas eingesperrt. Es dauerte nicht lange, bis ich merkte, dass dieser Raum keinem anderen Ort glich, an dem ich jemals gewesen war. Voller Panik suchte ich nach einem Ausgang, doch es gab keinen.

Meine Angst wuchs, als ich anfing mit meinen Fäusten gegen die Glaswände zu hämmern und versuchte durchzubrechen. Dann verwandelte sich mein Schrecken in Erstaunen, als ich realisierte, dass die Wände massiv waren, und doch flüssig und lebendig. Als ich gegen sie drückte, begann ich zu spüren, wie ein starker Strom von Emotionen durch die Wände floss, so wie sich es sich anfühlen würde, wenn man in einem Fluss stünde. Als ich mich gegen die Wand lehnte, kam das Gewicht der Liebe für die ganze Welt mit solch einer Schwere auf mich, dass ich auf meine Knie fiel.

In diesem Moment verstand ich, dass ich in der Ewigkeit festhing und von einer unbekannten Kraft festgehalten wurde. Ich war überwältigt von diesem intensiven Gefühl der Liebe für die Welt und begann, tiefer in die Wand hinein zu starren. Je tiefer ich hineinschaute, desto mehr konnte ich etwas sehen, das aussah wie Milliarden von Videos aller Arten. Ich begann zu verstehen, was hier vor sich ging. Das waren überhaupt keine Filme, sondern die Leben von Leuten, die sich direkt vor meinen Augen abspielten. Mit klopfendem Herzen begann ich laut Fragen zu stellen, ohne unbedingt eine Antwort zu erwarten.

„Wie bin ich hierher gekommen?", rief ich.

Augenblicklich, wie wenn die Frage schon erwartet worden wäre, antwortete mir eine Stimme: „Ich habe dich hierher gebracht." Seine Worte brannten sich tief in mein Herz ein. Ich hatte nie zuvor diese Art Mitgefühl gespürt.

Als Er sprach, umschloss mich Seine Gegenwart wie ein dichter Nebel. Ich konnte spüren, wie Heiligkeit jede Zelle meines Körpers durchströmte. Zum ersten Mal in meinem Leben spürte ich reine Liebe, und die Last der Welt wurde von mir weggenommen. Ich lag mit dem Gesicht nach unten und konnte spüren, wie Seine Freude wuchs, als ich mich mit Seinem Herzen verband und Seine Gedanken meine Gedanken wurden. „Ich will dir zeigen, warum ich dich hierher gebracht habe", sagte Er.

ICH KONNTE SPÜREN, WIE HEILIGKEIT JEDE ZELLE MEINES KÖRPERS DURCHSTRÖMTE. ZUM ERSTEN MAL IN MEINEM LEBEN SPÜRTE ICH REINE LIEBE, UND DIE LAST DER WELT WURDE VON MIR WEGGENOMMEN.

Genau vor meinen Augen begann ein Film über mein Leben umgekehrt abzulaufen. Er spulte zurück, an meiner Geburt vorbei, meiner Empfängnis, bis in die Ewigkeit. Als der Film weiterging, sah ich mich selbst mit Gott an einem zeitlosen Ort stehen. Vor der Erschaffung der Welt. Er zeigte auf mich und sagte: „Da habe ich dich schon gekannt!" Dann spulte Er den Film vor bis zur Empfängnis im Leib meiner Mutter. Ich sah mir an, wie Gott mich sorgfältig formte. Es erschienen eine Reihe von Entwürfen mit meinem Namen drauf, und ich sah dabei zu, wie Gott einmalige Eigenschaften in mich einbaute. Talente, Fähigkeiten, Persönlichkeit und Aussehen wurden peinlich genau nach Seinem perfekten Plan im Leib meiner Mutter angefertigt.

Als nächstes griff Er tief in mein Herz und pflanzte eine tiefe Bestimmung für mein Dasein in mich ein … etwas, das niemand anderes je erfüllen konnte; eine Berufung, die nur ich realisieren konnte. Als ich dabei zusah, wie Er mich in der Stille formte, fiel mir auf, dass jede meiner Eigenschaften ein Teil Seines Ebenbilds war. Deshalb konnten die Leute ein Stück von Gott erleben, wenn sie mein Leben beobachteten. Als der Film endete, hob Er mich hoch, setzte mich auf Seinen Schoß und hielt mich ganz fest. Er sagte: „Du bist mein Liebling! Du warst schon immer mein Liebling!" Seine Worte rannen wie flüssige Liebe durch meinen Körper, brachten Heilung an alle zerbrochenen Orte in mir und setzten mich frei.

Sein Ebenbild

Vor tausenden von Jahren sprach Gott zum Propheten Jeremia und sagte: „Ich kannte dich schon, bevor ich dich im Leib deiner Mutter geformt habe." (Jeremia 1,5) In 1. Mose 1,26 sagte Gott: „Wir wollen Menschen machen nach unserem Bild, die uns ähnlich sind." Denken Sie einen Augenblick darüber nach: Der genialste, schönste Handwerksmeister hat uns nach Seinem eigenen Bild geschaffen! Das ist eine unglaubliche Aussage darüber, wie wir gemacht sind.

Die zweite wichtige Sache, die wir über diese Verse wissen müssen, ist, dass Gott unsere Geschichte schon vor Beginn der Zeit geplant hat. Wenn Er wusste, dass wir geboren werden würden, dann muss Er einen Plan und eine Absicht für unser

Leben haben, denn Gott macht keine Fehler.

Der Apostel Paulus schrieb: „Darüber hinaus haben wir durch Christus ein göttliches Erbe empfangen, denn Gott hat uns von Anfang an erwählt, wie Er es mit Seinem Willen beschlossen hatte." (Epheser 1,11) Wir wurden nach göttlichem Design geschaffen! Gott sitzt nicht oben im Himmel und fragt sich, was Er mit all den Menschen anstellen soll, die geboren werden.

Eines der größten Vergehen in unserer Beziehung mit Christus ist es, misszuverstehen, wer wir sind und wie wir gemacht wurden. Wenn wir uns selbst entwerten, setzen wir den Schöpfer herab, weil wir in Seinem Bild gemacht sind. Und nicht nur das; wenn wir Jesus angenommen haben, hat Er bei uns eine Gehirntransplantation durchgeführt. Er hat unser Gehirn herausgenommen und gab uns Seines. Deshalb sagt die Bibel: „Wir aber denken im Sinne von Christus." (1. Korinther 2,16b)

Die Wahrheit über die Liebe

Vielen Christen wurde genau das Gegenteil beigebracht. Wenn Sie sich an Jodys Geschichte zurückerinnern; ihr größtes Problem war, dass sie sich selbst nicht lieben und nicht vergeben konnte. Es ist normalerweise am schwersten, uns selbst zu vergeben. Diese zwei Sachen zusammen genommen gleichen einer zusammengebrochenen Braut mit Arthritis, die ihren Mann anfleht zurückzukommen und sie zu retten, statt einer siegreichen Braut, die den Himmel auf die Erde bringt! Die meisten Probleme der Welt sind im Selbsthass verwurzelt, weil wir es nie zulassen werden, dass uns irgendjemand mehr liebt als wir uns selbst. Deshalb sagte Jesus: „Liebe deinen Nächsten wie dich selbst." (Matthäus 22,39) Wenn wir uns nicht selbst lieben, während ein anderer eine tiefe Liebe für uns hat, dann ist der Gedanke, dass diese Person uns zurückweisen könnte, unglaublich schmerzhaft. Ohne es zu wissen tun wir unbewusst Dinge um die Beziehung zu sabotieren und uns zu schützen, anstatt eine große Abfuhr zu riskieren.

Ein anderes Szenario, das sich häufig abspielt, wenn uns jemand mehr liebt als wir uns selbst, ist, dass wir allzu abhängig von dieser Person werden (Co-Abhängigkeit), weil wir Angst haben, dass er oder sie uns verlässt. Deshalb sind wir unser Leben lang einem anderen ausgeliefert, statt Grenzen zu setzen, und unsere intimsten Bedürfnisse teilen zu können – nämlich wahre Liebe. Deshalb schrieb Salomo: „Drei Dinge gibt es, die die Erde erschüttern – und vier, die sie nicht erträgt ... eine unausstehliche Frau, die doch noch einen Mann findet." (Sprüche 30,21+23)

Das Maß, mit dem wir uns selbst lieben, ist auch das Maß, mit dem wir andere lieben. Wenn Sie sich selbst nicht lieben, ist die Chance, dass Sie jemand anderen gemäß Gottes Maßstab lieben, zweifelsohne gering oder nicht vorhanden. Sie können nicht herumlaufen und sich selbst hassen und aus dem gleichen Gefäß, Leben und Hoffnung zu den Leuten um Sie herum fließen lassen. So funktioniert es einfach nicht! Sich selbst nach Gottes Maßstab zu lieben ist genau genommen der einzige Weg, wie Sie wirklich glückliche und gesunde Beziehungen haben können.

SICH SELBST NACH GOTTES MASSSTAB ZU LIEBEN IST GENAU GENOMMEN DER EINZIGE WEG, WIE SIE WIRKLICH GLÜCKLICHE UND GESUNDE BEZIEHUNGEN HABEN KÖNNEN.

Es gibt so viele unterschiedliche Meinungen über die Liebe und was sie ist, dass es sich albern anfühlt, einen Schritt weiter zu gehen ohne sie zu definieren.

Liebe ist kein flüchtiges Gefühl, das mit dem Wind kommt und geht. Sie ist auch kein Funke, der in einem entflammbaren Augenblick der Euphorie entstanden ist. Liebe ist eine Entscheidung! Liebe ist ein Opfer! Liebe setzt Grenzen, und doch ist Liebe bedingungslos. Das schönste lebendige Vorbild von Liebe, das wir auf dieser Erde je gehabt haben, ist Jesus. Er war und ist die Verkörperung wahrer Liebe. Er kümmerte sich um sich selbst und Seine eigenen Bedürfnisse, und doch war Er mächtig und gab. Er gab Sein Bestes in jeder Situation und benutzte es dazu, das Beste in anderen hervorzubringen. Und schließlich beugte Er sich der Peitsche und dem Kreuz um unsere Beziehung mit dem Vater wiederherzustellen. Jesus sagte: „Die größte Liebe beweist der, der sein Leben für die Freunde hingibt." (Johannes 15,13) Jesu Fähigkeit Sein Leben hinzulegen und andere aufzubauen beruhte auf der Tatsache, dass Er sich zuerst selbst liebte. Er wusste, woher Er kam und was der Vater Ihm aufgetragen hatte zu tun. Daher wusste Er, wie einzigartig Er war und was Er weiterzugeben hatte.

Wer sagen Sie, dass Sie sind?

Es genügt nicht, nur zu wissen, was die Schrift über Sie sagt, denn Ihre Identität liegt nicht in Ihrem Kopf; sie ist in Ihr Herz eingebettet. Jesus sagte: „Ein guter Mensch bringt aus einem guten Herzen gute Taten hervor, und ein böser Mensch bringt aus einem bösen Herzen böse Taten hervor. Was immer in deinem Herzen ist, das bestimmt auch dein Reden." (Lukas 6,45) Wer wir sind und was wir über uns selbst als Wahrheit ansehen, leitet sich von vielen Orten her ab.

Wenn Sie sich im Moment fühlen als könnten Sie nicht ganz mithalten, und Sie dieses Buch lesen und sagen, „ich glaube nicht, dass ich mich so liebe, wie ich sollte", dann müssen Sie zunächst an den Anfang des Kapitels zurückgehen und meinen Traum über die Schöpfung noch einmal lesen, damit Sie sich daran erinnern können, wie Gott Sie gemacht hat und wie Er Sie sieht. Nehmen Sie sich die Zeit, jeden Tag diese Wahrheiten durchzugehen, bis Sie sie verinnerlicht haben.

Als nächstes „bezwingen wir ihre widerstrebenden Gedanken und lehren sie, Christus zu gehorchen." (2. Korinther 10,5) Behandeln Sie jeden Gedanken, der Ihre Identität gefährdet oder dem widerspricht, was Er über Sie sagt, wie einen Eindringling. Diese Gedanken sind von Natur aus böse und nur dazu da, Ihre Identität zu untergraben. Sie haben die Erlaubnis, jedem Gedanken, der sich nicht am Wort Gottes ausrichtet, zu befehlen, Ihren Geist zu verlassen.

BEHANDELN SIE JEDEN GEDANKEN, DER IHRE IDENTITÄT GEFÄHRDET ODER DEM WIDERSPRICHT, WAS ER ÜBER SIE SAGT, WIE EINEN EINDRINGLING.

Lassen Sie uns jetzt ansehen, wie Sie mit sich selbst reden. Positive Selbstgespräche müssen einen großen Anteil im Leben eines Gläubigen haben, damit wir gesund und heil sein können. Sehen Sie sich einmal an, was Ihnen letzte Woche passiert ist und wie oft Sie Gedanken in Ihrem Kopf hatten, die nicht von Gott kamen. Der Hauptpastor von Bethel Church, Bill Johnson, sagt: „Wir können es uns nicht erlauben, einen Gedanken in unserem Kopf zu haben, der nicht auch in Seinem ist." Wie oft haben Sie diese Woche auf destruktive Weise mit sich selbst geredet?

Ich sage Leuten, die mit ihrer Identität kämpfen, oft: „Sie dürfen sich dabei ertappen, wie Sie an einer roten Ampel stehen und denken, wie genial Sie doch sind!" Der religiöse Geist sagt: „Du wirst die Leute in den Stolz treiben!" In Wahrheit sieht es so aus: Wenn wir im Gedächtnis behalten, dass wir geboren wurden um genial zu sein, weil wir nach Jesu Vorbild geformt und von Gott selbst geschaffen wurden, dann ist Stolz das letzte, worum wir uns Sorgen machen müssen. Stolz kommt am häufigsten, wenn wir versuchen uns selbst wegen unserer Unsicherheit, größer zu machen.

Fälschungen von Liebe

Eine der größten Tragödien der Liebe ist, dass sie mit Leidenschaft verwechselt wird. Wahre Liebe ist gegründet in Aufopferung – sein Leben hinzulegen und Leben zu geben. Leidenschaft ist ein Gefühl, das meistens erlebt wird, wenn man sich mit einer anderen Person beschäftigt und sie erforscht. Wir sollten Liebe nicht durch Leidenschaft ersetzen. Die Entdeckung der Leidenschaft sollte auch nie vor dem Fundament der Liebe kommen. Wenn Beziehungen auf Leidenschaft gegründet sind, dann bestimmen Emotionen die Tiefe der Verbundenheit, und ehe man sich versieht, hört man solche Aussagen von verheirateten Paaren: „Wir lieben uns einfach nicht mehr." Nun mal halblang! Man kann sich nicht einfach so ent-lieben, genauso wenig, wie man sich einfach so verliebt.

Liebe ist eine Entscheidung! Wenn Paare die Entscheidung treffen, damit aufzuhören Opfer zu bringen und ihr Leben füreinander niederzulegen, wird die Liebe untätig und die Beziehung beginnt zu sterben. Leidenschaft ist ein gesunder Teil intimer Beziehungen, wenn Liebe im Zentrum des Bündnisses steht. Doch wenn ein Paar Leidenschaft als den Leim benutzt, der es zusammenhalten soll, dann wird die Beziehung nur verpuffen, anstatt ewig zu brennen.

Das Versprechen der Liebe ist: Sie werden fühlen. Ein in Stahl eingeschlossenes Herz fühlt nichts. Nachdem ich von der Liebe und ihren vielen Fassaden tief verletzt worden war, wusste ich tief in mir drin, dass ich wieder etwas riskieren musste, wenn ich wieder lieben wollte. Doch weil es so viele schmerzlichen Marken von Liebe in dieser Welt gibt, war ich versucht den Schlüssel wegzuwerfen, der zu dem Schutzkäfig gehörte, der mein Herz umschloss. Wenn ich die Türen meines Herzens geöffnet halten wollte, musste ich mich von den vielen Fälschungen von Liebe in Acht nehmen.

Selbstsüchtige Liebe

Die erste Fälschung ist selbstsüchtige Liebe. Diese Art Liebe gibt nur um selbst wieder etwas zu bekommen. Sie ist für gewöhnlich kurzlebig, hinterlässt viele Verpuffungen und abgebrannte Brücken. Selbstsüchtige Liebe ist ordentlich verpackt in liebliches Gerede und geschmeidige Bewegungen und lockt ihr Opfer in die Verletzbarkeit, bevor sie den goldenen Schuss setzt. Das verräterische Zeichen selbstsüchtiger Liebe liegt in ihrer Unfähigkeit sich aufzuopfern und anderen zu dienen. Wenn Sie sich in einer Situation mit jemandem befinden, der nur seine eigenen Bedürfnisse stillen will, fühlen Sie sich frei sich zurückzuziehen und wegzurennen!

SELBSTSÜCHTIGE LIEBE IST ORDENTLICH VERPACKT IN LIEBLICHES GEREDE UND GESCHMEIDIGE BEWEGUNGEN UND LOCKT IHR OPFER IN DIE VERLETZBARKEIT, BEVOR SIE DEN GOLDENEN SCHUSS SETZT.

Liebe, die keine Bedürfnisse hat

Eine andere Täuschung ist selbstlose Liebe. Selbstlose Liebe gibt jedem, der es fordert, mit der Hoffnung, eines Tages das Fass ohne Boden in der Seele des Gegenüber füllen zu können. Solche Leute haben ihre Identität an die Tatsache gehängt, dass sie das Blut sind, das die Blutegel am Leben hält. Machtlose Leute, die vorgeben, keine Bedürfnisse zu haben, geben normalerweise diese Art von Liebe. Doch ohne dass Bedürfnisse geteilt werden, ist Liebe niemals vollständig. In dieser Art von Beziehungen gibt es nur eine mächtige Person, und die Protagonisten sind damit nicht gemeint. Die zugrunde liegende Furcht ist, dass die gebende Person alleine gelassen wird, wenn sie Bedürfnisse hat.

Betrunkene Liebe

Die dritte Fälschung von Liebe ist betrunkene Liebe (auch als blinde Liebe bekannt). Betrunkene Liebe wird von einem kranken Gefühlszustand gesteuert, der normalerweise von Verzweiflung und Furcht verschuldet wurde. Diese gefährliche Art von Liebe missachtet alle Grenzen und reagiert auf Warnschilder nicht, weil sie eine Dröhnung braucht. Betrunkene Liebe lässt Sie ziemlich sicher in nüchterner Reue zurück, und Sie haben nichts dabei gewonnen. Für gewöhnlich weiß man, wenn man sich in dieser Situation befindet, weil die Beziehung in der man ist schreit: „GEFAHR!" Doch der betrunkene Liebhaber rechtfertigt seinen Rausch mit Klischees wie: „Keiner versteht mich!" Wenn Sie einmal diese Rechtfertigung benutzen um in einer Beziehung zu bleiben, dann bewegen Sie sich auf dünnem Eis!

Mein Leben jetzt

Als meine Ehe zerbrach, lernte ich viel über mich selbst. Durch mein Verlangen, andere wirklich zu lieben, mache ich mich verletzlich und werde ständig dazu gedrängt zu wachsen. Jede Beziehung lässt mich wachsen, und bei jedem Fehler oder jeder Verletzung muss ich eine Entscheidung treffen daraus zu lernen, anstatt davonzulaufen. Liebe ist ein riskantes Geschäft, und es gibt keine Garantien, wenn man einer anderen Person vertraut. Ich habe zahlreiche Fragen, während der Boden meines Herzens ständig von dem Pflug der Beziehungsprozesse umgewendet wird. Ich muss verstehen, wie man liebt, und mein Urteilsvermögen bezüglich der wahren Natur der Liebe benutzen. Liebe ohne Maßstab ist überhaupt keine Liebe; sie ist nur Zerrissenheit auf der Suche nach einem Zuhause.

Es gibt viele Gesichter, die sich als wahre Liebe maskieren. Doch als ich ihre Früchte gesehen habe, habe ich herausgefunden, dass ihnen alle Eigenschaften fehlen, die Liebe beinhaltet. Diejenigen, die an dieser falschen Liebe teilhaben, denken, sie hätten das Wahre erlebt, doch sie bleiben verletzt zurück. Um wahre Liebe zu finden musste ich ihre Eigenschaften kennen. In 1. Korinther 13,4-7 beschreibt Paulus wunderschön die Charakterzüge wahrer Liebe:

Die Liebe ist geduldig und freundlich. Sie ist nicht neidisch oder überheblich, stolz oder anstößig. Die Liebe ist nicht selbstsüchtig. Sie lässt sich nicht reizen, und wenn man ihr Böses tut, trägt sie es nicht nach. Sie freut sich niemals über Ungerechtigkeit, sondern sie freut sich immer an der Wahrheit. Die Liebe erträgt alles, verliert nie den Glauben, bewahrt stets die Hoffnung und bleibt bestehen, was auch geschieht.

Liebe ist Freiheit. Liebe ist Ganzheit. Liebe ist Ehre. Als ich wieder den Pfad der Liebe entlang schritt, wurde ich an diese Wahrheit erinnert, dass ich der Einzige bin, der die Macht hat darüber zu entscheiden, in was für Beziehungen ich mich begebe. Ich bestimme meinen Maßstab.

Liebe ist keine Liebe, wenn sie mich nicht etwas kostet. Liebe ist keine Liebe, wenn sie nicht das höchste Glück für die andere Person sucht. Liebe ist keine Liebe, wenn sie nicht in die Freiheit führt.

> LIEBE IST KEINE LIEBE, WENN SIE MICH NICHT ETWAS KOSTET. LIEBE IST KEINE LIEBE, WENN SIE NICHT DAS HÖCHSTE GLÜCK FÜR DIE ANDERE PERSON SUCHT.

Nachdem ich in einer Beziehung so verletzt worden, und jetzt an der anderen Seite angekommen bin, kann ich die wunderbaren Eigenschaften der Liebe sehen und wertschätzen. Ich verstehe jetzt, dass Gott mich bedingungslos liebt. Nachdem ich das durchgemacht habe, was sich wie das Ende meines Lebens angefühlt hat, erkenne ich, dass es nicht meine Entscheidungen waren, die mich fast umgebracht hätten, sondern die Beschlüsse einer anderen Person. Trotz ihrer Fehler und ihres Missbrauchs unserer Beziehung habe ich nie meine Liebe für sie verloren oder die Hoffnung, dass sie heil wird. Wenn ich das durchmachen und sie immer noch lieben kann, trotz allem, was passiert ist, wie viel mehr muss Gott mich lieben? Immerhin war ich derjenige, der Ihn ans Kreuz gebracht und mit der Peitsche geschlagen hat.

Kapitel 10

Warnflaggen

Es spielen so viele Faktoren mit hinein, ob man eine emotional gesunde Person ist und gesunde Beziehungen mit anderen lebt. Frieden ist einer dieser Faktoren, ohne die man das Haus nicht verlassen kann.

Ich habe mich oft in meinem Leben in diesen gewaltigen Schlachten befunden, in denen ich um den Besitz meines Friedens kämpfte. Diese Kriege wurden nicht vom Klang der Trompete angekündigt um mich vor der Gegenwart des angreifenden Feindes zu warnen. Die Soldaten standen auch nicht mit Schild und Speer auf dem Schlachtfeld in der Schusslinie. Das Schlachtfeld war in meinen Gedanken, und die Gegner waren die trügerischen Lügen, die unbemerkt dort hineingekrochen waren.

Da Sie unter den Lebenden sind, bin ich mir sicher, dass Sie das auch schon erlebt haben, wovon ich spreche. Diese Gegner, die wir bekämpfen, zeigen sich in Form von Unsicherheit, Zorn, Einsamkeit, Ablehnung, Selbstmitleid, Frustration usw. Und obwohl diese Gefühle nicht böse sind, so werden sie so zerstörerisch wie der Teufel persönlich, wenn wir sie unbewacht lassen.

Eines der wichtigsten Dinge, die wir über diese Gefühle wissen müssen, ist, dass sie sofortige Aufmerksamkeit brauchen, weil sie so viel Einfluss auf uns haben. Ich spreche bei diesen Gefühlen von „Warnflaggen". Jede Warnflagge, ob es nun

Einsamkeit oder Unsicherheit oder irgendetwas anderes ist, macht Sie extrem empfindlich für die Verletzung durch Sie selbst oder durch andere. Es ist wichtig zu wissen, dass Sie am Anfang und Ende einer Beziehung am meisten empfänglich für diese Warnflaggen sind.

Vor ungefähr drei Monaten wachte ich morgens um 7 Uhr auf und stellte fest, dass mein Gehirn schon eine ganze Zeitlang wach war und arbeitete. Als ich so im Bett lag, ging mir ein Gedanke der Unsicherheit nach dem anderen durch den Kopf und stellte sich mir vor. Einen Augenblick lang dachte ich darüber nach, die Gedanken einfach beiseite zu schieben und weiter zu schlafen, in der Hoffnung, dass sie einfach verschwinden würden. Doch je länger ich da lag, desto mehr verstand ich, dass diese Saboteure nicht einfach friedlich abziehen würden. Die Unsicherheit nahm langsam meine gesamte Seele ein, bis hin zu dem Punkt, wo ich an nichts anderes mehr denken konnte. Als ich erkannte, dass das nicht mein normaler Gemütszustand war, musste ich eine Entscheidung treffen: versuchen es zu ignorieren oder den Kampf aufnehmen.

Ich beschloss, dass es vermutlich eine wirklich schlechte Idee war, das Haus mit einem hungernden Herzen und ohne Frieden zu verlassen. Und da ich an dem Tag frei hatte, entschied ich mich dazu, beinahe drei Stunden in meinem Bett zu liegen und die Schlacht zu schlagen, weil ich weiß, dass es mich teuer zu stehen kommt, wenn ich mit einem Gefühl von Unsicherheit herumlaufe.

Mein Job ist es, dabei zu helfen 800 Bibelschulstudenten und 10 Pastoren zu beaufsichtigen, sowie 65 Studenten selbst als Pastor zu betreuen. Bei den meisten meiner Pflichten als Pastor und Leiter bin ich in meinem Büro und berate junge Studenten in ihren Problemen. Wenn ich in einen Raum mit einem verletzten Studenten gehe und mich selbst bedürftig und unsicher fühle, laufe ich große Gefahr, meine Unsicherheit auf die Person zu übertragen, die mir gegenüber sitzt, und sie mit etwas anzustecken, was sie nicht hatte, als sie herein kam.

Ich muss ihren inneren Frieden nicht einmal unbedingt negativ beeinflussen. Doch wenn ich mich selbst irgendwie besser oder weniger unsicher fühle wegen dem, was sie über mich gesagt hat, dann bin ich zum Sklaven des Lobes von Menschen geworden, und ich werde immer davon abhängig sein.

Kleine Flammen werden zu Waldbränden

In diesem Buch habe ich Ihnen vielzählige Beispiele von Leuten gezeigt, die sich selbst oder andere zerstört haben. Keine dieser Verletzungen hat ursprünglich als Übergriff angefangen. Sie begannen vielmehr als kleiner Funke, der unbeobachtet blieb und irgendwann zu einem Waldbrand anwuchs, der andere zerstörte.

Ein großartiges Beispiel dafür (wenn auch zugegebenermaßen ein brutales) ist das Leben von Ted Bundy. Bundy war einer der meist gefürchteten, kaltblütigsten Serienmörder unserer Zeit. Aber er fing nicht als verhärtete Seele an, die nach Blut suchte. Er begann als junger Mann, der im Alter von 13 Jahren von Pornografie abhängig wurde. Im Laufe der Jahre wuchs seine Abhängigkeit von harmlosen Pornos dramatisch an. Bald lechzte er nach eindeutigeren und brutaleren Szenen, die ihn schließlich tiefer in seine Abhängigkeit führten, bis er am Ende der Ted Bundy wurde, von dem wir alle gehört haben.

Ich sehe ein, dass seine Geschichte ein wahnsinniges Beispiel dafür ist, was mit etwas passiert, das klein anfängt. Doch wenn

Ted Bundy sich um die Bedürfnisse gekümmert hätte, die er im Alter von 13 Jahren in seinem Herzen hatte, als sie nur ein Funke waren, wären die Leben vieler (seines eingeschlossen) anders ausgegangen. Doch weil er daran scheiterte herauszufinden was er brauchte um Hilfe zu bekommen, wuchsen der Funke der Perversion und das Bedürfnis nach Bedeutung zu einem Zorn an, der viele Menschen das Leben kostete.

Das Daten ist ein weniger dramatisches Beispiel dafür, wie ungesunde Leute gestörte Beziehungen aufbauen können. Am Anfang einer Beziehung ist es recht üblich, dass Unsicherheit die Beziehung schneller vorantreibt als sie sollte, und beide beteiligten Partner an einen Ort der Intimität bringt ohne die Vertrauensbasis zu haben. Niemand will sich in einer Beziehung unsicher fühlen, doch die Lüge dabei ist: „Wenn ich in dieser Beziehung nur an den Punkt kommen würde, an dem er/sie sich völlig bindet, dann wäre meine Unsicherheit weg." Deshalb schreitet die Vertrautheit schneller voran und es werden Grenzen überschritten. Zwei Jahre später sind Sie dann verheiratet und bemerken, dass die Vertrauensbasis fehlt, und sie krabbeln herum, um in der Beziehung Boden unter die Füße zu kriegen.

Die Kehrseite: Wenn Sie wissen, dass Sie sich in einer Beziehung unsicher fühlen und sich die Zeit nehmen mit dieser Unsicherheit zu arbeiten, dann sind Sie beide geschützt. Statt Furcht als die treibende Kraft in Ihrer Beziehung zu haben, ist Ihre Motivation tiefer zu gehen auf Vertrauen gegründet.

Ich könnte Ihnen buchstäblich hunderte von Beispielen von Dingen geben, die klein angefangen und sich dann zu massiven Problemen hochgearbeitet haben. Aber das wichtigste, was Sie in diesem Teil des Buches lernen sollen, ist, dass jedes Bedürfnis, gegen das nichts getan wird, irgendwann zu etwas Riesigem anwächst, ob es nun Unsicherheit, Einsamkeit, Frustration, Selbsthass, Zorn oder ähnliches ist. Vielleicht nicht heute oder morgen, aber es ist in vielem so wie ein Splitter unter Ihrer Haut. Wenn man ihn nicht beachtet, beginnt dieser Splitter zu eitern und sich zu entzünden, bis es so schmerzhaft ist, dass keiner Sie mehr berühren darf. Doch die Entzündung wird weiter wachsen, bis der Splitter entfernt ist.

Die Bedeutung der Selbsterkenntnis

Jede Person hat Bedürfnisse, die irgendwann zu einer Art von Schmerz führen, wenn sie nicht gestillt werden. Viele Leute sind extrem losgelöst von dem, was sie wirklich denken, fühlen und brauchen. Das Problem dabei ist, dass wir Menschen so geschaffen sind, dass unsere Bedürfnisse gestillt werden müssen, egal, ob wir uns ihrer bewusst sind oder nicht. Je weniger wir uns bewusst darüber sind, was wir wirklich brauchen, desto mehr verringern sich die Chancen dramatisch, dass unsere Bedürfnisse auf eine gesunde Art gestillt werden. Der Prozess, in dem Sie sich darüber bewusst werden, was Sie denken, fühlen und brauchen, nennt man Selbsterkenntnis. Sich seiner selbst bewusst zu werden ist eine der besten Verteidigungen, die wir haben. Ohne diese Fähigkeit laufen wir ohne Rüstung und mit einer großen Zielscheibe auf unserer Brust über das Schlachtfeld. Es ist nur eine Frage der Zeit, wann uns das Herz durchschossen wird, aufgrund einer falsch getroffenen Entscheidung, die wir nicht einmal vorhersehen konnten.

> OHNE SELBSTERKENNTNIS LAUFEN WIR OHNE RÜSTUNG UND MIT EINER GROSSEN ZIELSCHEIBE AUF UNSERER BRUST ÜBER DAS SCHLACHTFELD.

Der Prozess sich seiner selbst bewusst zu werden ist nichts furchtbar Kompliziertes, sondern ein Training, das tägliche Teilnahme und Aufmerksamkeit verlangt. Es gibt verschiedene Wege, wie Sie gut darin werden zu wissen, was in Ihrem Herzen vor sich geht. Der erste Schritt dabei ist, dass Sie erkennen, dass Sie Bedürfnisse haben, die ein Handeln erfordern. Eine der besten Möglichkeiten herauszufinden was Sie brauchen ist es, darauf zu achten, wie Sie sich fühlen. Wenn Sie sich zum Beispiel ärgerlich fühlen, ist irgendwo in Ihnen ein Bedürfnis, das gestillt werden muss. Ärger kann zum Beispiel daher kommen, dass man sich machtlos und außer Kontrolle fühlt. Wenn Sie sich also ärgern, dann halten Sie einen Moment inne und gehen Sie dahin zurück, wo dieses Gefühl ausgelöst wurde.

Es gibt viele Gründe, warum jemand ärgerlich sein kann. Doch wenn Sie dahin zurückgehen, wo Ihr Ärger begann, werden Sie die Antwort darauf finden, warum Sie sich so fühlen. Sie können vielleicht nicht das Hauptproblem lösen, das Ihnen den Ärger bereitet hat, aber Sie können entscheiden, was Sie mit Ihrem Ärger machen. Paulus sagte: „Sündigt nicht, wenn ihr zornig seid." (Epheser 4,26) Das bedeutet, dass es keine Schande ist, Frustration, Unsicherheit oder Zorn zu spüren. Was wir mit unseren Gefühlen machen ist das, was im Leben zählt.

Entdecken Sie den Nutzen eines Tagebuchs

Eine andere, wirklich großartige Möglichkeit herauszufinden was Sie brauchen ist es, Zeit alleine zu verbringen und in ein Tagebuch zu schreiben ohne Ihre Gedanken zu zensieren. Wenn ich mit dem Tagebuchschreiben beginne, weiß ich oft nicht einmal, wie ich mich fühle oder warum ich bestimmte Gefühle habe. Doch wenn ich dann damit fertig bin meine Gedanken und die Ereignisse des Tages aufzuschreiben, kann ich feststellen, wo ich stehe und warum. Genauso gut kann es eine hervorragende Möglichkeit sein herauszufinden, was Sie brauchen und was sich in Ihnen abspielt, wenn Sie sich mit einem richtig engen Freund hinsetzen und Ihre Gedanken und Gefühle durchsprechen.

Machen Sie einen Persönlichkeitstest

Es gibt zwei andere Faktoren, die stark in die Warnflaggen Ihres Lebens hinein spielen. Der erste Faktor sind Ihre Persönlichkeitszüge. Wir haben alle einen Persönlichkeitstyp mit seinen eigenen Stärken und Schwächen. Indem Sie lernen, welche Persönlichkeitszüge Sie besitzen, können Sie entdecken, zu welchen Ängsten Sie neigen, und was Sie am ehesten brauchen, um sich gesund und sicher zu fühlen. Wenn Sie Ihre Ängste und Bedürfnisse verstehen, werden Sie genauer auf diese Bereiche in Ihrem Leben achten können.

Wenn Sie um sich herum eine Kultur entwickeln, die auf Ihre natürlichen Neigungen Rücksicht nimmt (zum Beispiel: Bekommen Sie mehr Energie, wenn Sie im Rampenlicht stehen oder wenn Sie hinter den Kulissen arbeiten?), dann leben Sie tendenziell ein gesünderes und glücklicheres Leben. Einer der einfachsten Wege Ihre Stärken und Schwächen herauszufinden ist es, einen Test wie den DISG-Test oder den Myers-Briggs-Typindikator zu machen. Diese Tests sind so entworfen, dass sie Ihnen dabei helfen herauszufinden, welcher Persönlichkeitstyp Sie sind, was Ihnen wiederum dabei helfen wird, sowohl innerlich als auch äußerlich ein gesundes Umfeld zu entwickeln.

Bestimmen Sie Ihr größtes unerfülltes Bedürfnis

Der zweite Faktor, der Ihnen wirklich dabei helfen wird, sich Ihrer selbst bewusst zu werden, ist, die Bereiche mit dem größten Schmerz zu entdecken. Wenn Ihr Leben zum Beispiel von Ablehnung geplagt wurde, dann wissen Sie zweifelsohne, dass Ablehnung eine Warnflagge für Sie ist. Wenn Sie sich abgelehnt fühlen und sich dessen nicht bewusst sind, können Sie leicht in ein altes Muster der Isolation zurückfallen, das Sie nach unten zieht.

Mitten in den dunkelsten Zeiten von Heathers Betrug entdeckte ich, dass meine größten Warnflaggen Unsicherheit und Einsamkeit waren. Von einem Tag auf den anderen war ich kein Ehemann mehr, der mit einer wunderschönen Frau verheiratet war, sondern ich wachte alleine in meinem Bett auf. Morgens alleine aufzuwachen fühlte sich manchmal wie ein böser Streich an, den die Liebe mir gespielt hat. In meinen umherwandernden Gedanken konnte ich sehen, wie er und sie sich in der Geborgenheit ihres Zuhauses einander im Arm lagen. Und selbst wenn das vielleicht sogar stimmte, ist es doch so, dass ich ein paar ziemlich große emotionale Bedürfnisse hatte, die erfüllt werden mussten, noch bevor ich an einem Morgen wie diesem das Bett verließ, damit ich mich okay fühlte.

Unsicherheit und Einsamkeit sind nichts Überraschendes für einen Typen in meiner Situation; man würde es sogar erwarten. Es wäre für mich der Inbegriff von Dummheit gewesen, mir der Gegenwart dieser Gefühle nicht bewusst zu sein. Doch ich lernte schnell, dass Einsamkeit und Unsicherheit nicht meine Freunde waren. Und jedes Mal, wenn sie sich auf meinem Grundstück blicken ließen, trieb ich sie mit Rache hinaus.

Wie man mit jeder Warnflagge umgeht

Wir können nicht entscheiden, wer an unsere Türe kommt, aber wir haben die Wahl, diejenigen einzulassen oder nicht. Wir müssen uns selbst zum Wächter unseres Lebens und zum

Beschützer unseres Herzens ernennen. Wir bestimmen über unsere Stimmung, unser Handeln und unser Glaubenssystem. Deshalb sind wir auch mächtig genug sie zu verändern.

Als Leiter einer Gruppe von Männern, die Probleme mit sexueller Unreinheit haben, habe ich festgestellt, dass die Rückschläge der meisten Personen eine Frucht davon sind, dass der kleine Funke der Verletzung nicht erkannt wurde, bis er zu einem Waldbrand wurde. Für viele war der Kreislauf unkontrollierter Wutausbrüche bis zu diesem Zeitpunkt ein Teil ihres Lebens, weil sie nicht herausfinden und auf gesunde Weise das bekommen konnten, was sie brauchten. Sie brauchen einen Plan für jede Warnflagge, mit der Sie in Ihrem Leben zu tun haben.

Als ich im dunklen Tal meiner eigenen Umstände war, wachte ich jeden Morgen auf und fragte mich selbst laut: „Wie geht es mir? Was brauche ich? Bin ich verletzt, oder geht es meinem Herzen gut?" Ich fand heraus, dass es mir das Gefühl gab wertvoll zu sein, wenn ich mir jeden Morgen nur ein bisschen Zeit nahm um mich selbst kennenzulernen. Und normalerweise konnte ich mich schnell um Dinge kümmern, wenn einmal etwas daneben war, wenn auch nur ein kleines bisschen, weil ich mich selbst zur Verantwortung ziehe. Wenn ich die aufkommenden Gefühle einmal nicht schnell vertreiben konnte, wusste ich, dass es Zeit für Krieg war. Ich hatte mir schon in den Kopf gesetzt, dass es eine schlechte Idee war, mein Haus mit irgendeiner Warnflagge zu verlassen, die an meiner Seele schwingt.

Es gibt wahrscheinlich hunderte von Arten, wie man Gefühle der Unsicherheit, Einsamkeit und Hoffnungslosigkeit besiegen kann. Doch bevor man diese Feinde überwinden kann, muss man die Wurzel des Problems in seinem Herzen erkennen, wie wir schon weiter vorne im Buch besprochen haben.

Es ist ein großer Unterschied zwischen „ich fühle mich unsicher wegen etwas, das gerade in diesem Augenblick passiert ist" und „ich fühle mich unsicher, weil ich nicht weiß, dass Gott mein Vater ist". Diese beiden Probleme sind Welten voneinander entfernt und müssen unterschiedlich behandelt werden.

Letztendlich können wir die Warnflaggen, die das Ergebnis des Handelns einer anderen Person sind, loswerden, indem wir herausfinden, was wir brauchen und die Bedürfnisse entsprechend stillen. Wenn ich aufwachte und mich furchtbar unsicher fühlte, lag ich stundenlang im Bett, redete mit Gott und schrieb auf, was Er über mich sagte und wie Er mich sieht. Wenn das das Problem nicht vollständig gelöst hat, rief ich meinen Vater an um Hilfe zu bekommen.

Unsicherheit, Furcht, Hoffnungslosigkeit, Depression und Selbsthass sind alle auf Lügen gegründet. In der Bibel steht, dass Timotheus' geistlicher Vater Paulus ihm diese Worte schrieb, als Timotheus mit Angst zu kämpfen hatte: „Denn Gott hat uns nicht einen Geist der Furcht gegeben, sondern einen Geist der Kraft, der Liebe und der Besonnenheit." (2. Timotheus 1,7) Der größte Trumpf, den wir immer in der Tasche haben, ist die Kraft des Heiligen Geistes und das Wort Gottes. Seine Kraft verwandelt unsere Furcht in Frieden, und Sein Wort entwurzelt die Lügen, die in unser Herz gepflanzt werden.

DER GRÖSSTE TRUMPF, DEN WIR IMMER IN DER TASCHE HABEN, IST DIE KRAFT DES HEILIGEN GEISTES UND DAS WORT GOTTES. SEINE KRAFT VERWANDELT UNSERE FURCHT IN FRIEDEN, UND SEIN WORT ENTWURZELT DIE LÜGEN, DIE IN UNSER HERZ GEPFLANZT WERDEN.

Nur Sie können sich selbst kontrollieren

Der Brief an die Galater lehrt uns, dass Selbstbeherrschung eine Frucht davon ist, dass der Heilige Geist in unserem Leben am Wirken ist (siehe Galater 5,23). Es gibt in diesem Leben viele Dinge, die wir brauchen und wollen, aber nicht bekommen, weil wir keine Kontrolle über die Welt um uns herum haben. Eigentlich können wir uns sogar nur durch die Kraft des Heiligen Geistes selbst kontrollieren! Wenn wir irgendein anderes Glaubenssystem haben als das, das sagt „ich kann mich nur selbst kontrollieren", dann leben wir in einer Täuschung. Die einzige Person auf diesem ganzen Planeten, die Sie auf gesunde Weise kontrollieren können, sind Sie selbst. Sie können Ihre Gefühle und Bedürfnisse mit anderen Leuten um Sie herum teilen, doch es ist ihre Entscheidung, ob sie sich um diese Bedürfnisse kümmern oder nicht. Mit diesem Gedanken im Hinterkopf müssen Sie lernen, eine starke Person zu sein, unabhängig davon, was irgendjemand sonst in Ihrer Welt tut.

Leute mit einer Opfermentalität sehen durch eine Linse, die ihnen folgendes zeigt: „Die ganze Welt ist gegen mich. Alle anderen bekommen das, was ich eigentlich haben sollte. Ich werde immer ausgelassen." Sie wissen es sofort, wenn Sie eine Opfermentalität haben, denn diese Gedanken gehen Ihnen regelmäßig durch den Kopf. Opfer haben das Gefühl, ihre Umstände seien die Fehler aller anderen. Wenn die Leute die Dinge nur anders machen oder sie anders behandeln würden, wäre das Leben gut. Die Wahrheit ist: Wenn Sie diese Mentalität annehmen, dann sind Sie derjenige, der das Problem hat! Das Gute daran ist: Wenn Sie das Problem sind, können Sie es selbst (und niemand sonst) mit Gottes Hilfe lösen.

Sie können sich selbst in die Freiheit denken

Paulus schrieb an die Gläubigen in Rom: „Deshalb orientiert

euch nicht am Verhalten und an den Gewohnheiten dieser Welt, sondern lasst euch von Gott durch Veränderung eurer Denkweise in neue Menschen verwandeln." (Römer 12,2) Diese römischen Gläubigen waren früher Polytheisten (sie beteten mehrere Götter an). Von daher hätte sich den Gedankenmustern ihrer Welt anzupassen bedeutet, dass sie die griechische Mythologie annehmen. Paulus lehrte sie, dass sie aktiv ihre Denkweise verändern mussten. Manchmal brauchen wir alle eine gute Gehirnwäsche mit dem Wort Gottes (siehe Epheser 5,26)!

Es ist wissenschaftlich bewiesen, dass unsere Gewohnheiten und Gedankenmuster Neurotransmitter-Bahnen in unser Gehirn einschleifen. Unser grundlegendes Glaubenssystem baut Autobahnen, die unsere Gedanken an diesem Weg entlang befördern. Stellen Sie es sich vor wie eine Schneise, die in einen dichten Wald geschlagen wurde. Dieser Pfad oder dieses Denkmuster ist das, worauf wir unser Leben lang gefahren sind. Wenn wir eine bewusste Entscheidung treffen unsere Denkweise zu verändern, haben wir eigentlich nur ein „Kein Durchgang"-Schild an diesem Weg aufgestellt. Jetzt beginnt der Veränderungsprozess: Wir müssen einen neuen Gedankenpfad in unser Gehirn einprägen, der zur Heilung führt. Es ist harte Arbeit einen neuen Pfad zu machen, genauso wie wenn man sich durch einen dichten Wald sägt. Wenn wir nicht aufpassen, werden wir blind für die „Kein Durchgang"-Schilder, die an den Auffahrten zu unseren alten Denkmustern angebracht sind, und fahren am Ende wieder dieselbe dysfunktionale und destruktive Straße entlang, weil es uns so vertraut und viel einfacher ist.

Wenn Sie große Schmerzen haben, sind Sie hochmotiviert etwas zu verändern. Zunächst werden Sie fast alles tun, worum man Sie bittet, um Ihren momentanen Zustand hinter sich zu

lassen. Doch wenn die Zeit vergeht und der Schmerz nachlässt, verblasst die Motivation heil zu werden, üblicherweise
mit dem Schmerz.

WENN SIE GROSSE SCHMERZEN HABEN, SIND
SIE HOCHMOTIVIERT ETWAS ZU VERÄNDERN.
ZUNÄCHST WERDEN SIE FAST ALLES TUN, WO-
RUM MAN SIE BITTET, UM IHREN MOMENTA-
NEN ZUSTAND HINTER SICH ZU LASSEN. DOCH
WENN DIE ZEIT VERGEHT UND DER SCHMERZ
NACHLÄSST, VERBLASST DIE MOTIVATION
HEIL ZU WERDEN, ÜBLICHERWEISE MIT DEM
SCHMERZ.

Eines der Gegenmittel, um dieses Muster zu brechen, ist,
anzufangen erreichbare Ziele zu setzen. Diese Ziele werden dabei helfen Sie zu motivieren, auch wenn der Schmerz
schon lange weg ist. Die Weisheit sagt, dass man sein Leben
vom Ende her anschauen und dann rückwärts arbeiten sollte.
Sie sollten sich nicht davor scheuen sich einen Augenblick
lang Zeit zu nehmen, um sich an Ihr Grab zu setzen und
über Ihr Leben nachzudenken. Wofür möchten Sie gekannt
werden? Was möchten Sie, dass Gott über Sie sagt? Was ist
Ihnen am wichtigsten, wenn Sie auf dem Sterbebett liegen?
Die Antworten auf diese Fragen sollten die Motivatoren für
Ihr Leben sein.

Schmerz ist ein sehr schlechter Motivator und ein noch
schlechterer Ratgeber. Sie können Ihr Leben genauso wenig
mit Schmerz leiten, wie Sie mit einem defekten Kompass eine
stürmische See bezwingen. Eine Vision für die Zukunft ist
der Kompass für Ihr Leben. Wenn Sie Ihre Vision verfolgen,
werden Sie weiterhin den Wald in Ihrem Gehirn roden um
Wege in die Freiheit zu schaffen, wenn der Schmerz schon

lange weg ist. Sie werden so ein Leben führen, dass einen Eindruck hinterlassen wird!

Kapitel 11

Du siehst in mich hinein

Anfang 2010 kam ein junger Mann zu mir um Hilfe zu bekommen. Dieser Typ war in der Gemeinde aufgewachsen, deshalb kannte ich ihn schon seit einiger Zeit. John blickte düster drein, als er an diesem Tag in mein Büro kam, wie wenn ihm jemand gerade die Hoffnung ausgesaugt hätte. Es brauchte nur wenige Worte, bis ich wusste warum. Er begann, mir die Geschichte von seiner noch nicht lange zurückliegenden Affäre zu erzählen und erinnerte mich an die Schande, dass er seine Frau verloren hatte, und an die Qual der letzten paar Monate.

Als John seine Geschichte erzählte, ging mir ständig der Gedanke durch den Kopf: Warum würde John seine Frau betrügen, mit der er erst seit einem Jahr verheiratet war? Als ich ihm Fragen stellte, wurden die Dinge klar. Äußerlich gesehen war John ein feiner Gentleman, der die meiste Zeit seines Lebens in der Gemeinde gewesen war. Aber innerlich war John ein Kerker voller quälender Drachen. Seine frühen Kindheitserinnerungen sind mit schneidendem Schmerz gespickt. Sein Vater band ihn und seine Brüder an Bäume und schlug sie mit einem Gummischlauch, um ihnen eine Lektion zu erteilen. Johns Vater war ein kalter, gefühlloser Mann, der seinen Söhnen beibrachte, dass wahre Liebe in Form von Strafe kommt. John konnte nichts tun, das jemals gut genug für seinen Vater gewesen wäre. John hörte auch nie die Worte

„Ich liebe dich!" von seinem Vater.

Im frühen Teenageralter begegnete John dem Herrn, als er die Jugendgruppe seiner Gemeinde besuchte. Dennoch wurde der Schmerz in mancher Hinsicht dadurch sogar verstärkt, anstatt gelindert. John war zwölf Jahre alt, sehnte sich innerlich dringend nach Zuwendung und war in einer Gruppe von Jugendlichen, die das hatten, was er so unbedingt brauchte. Doch nach kurzer Zeit erkannte John, dass diese Jugendlichen das tun würden, was sein Vater getan hat, wenn sie herausfinden würden, dass er innerlich ein Kerker ist – nämlich ihn ablehnen. Da John keine Zurückweisung riskieren wollte, erlernte er die feine Kunst das zu verstecken, was in ihm vor sich ging. Er hatte zahlreiche Gesichter, die er den Menschen zeigte, doch keines davon war echt. Alle waren sie Fassaden der Person, die er in Wirklichkeit gerne wäre; Geschöpfe seiner eigenen Fantasie.

DA JOHN KEINE ZURÜCKWEISUNG RISKIEREN WOLLTE, ERLERNTE ER DIE FEINE KUNST DAS ZU VERSTECKEN, WAS IN IHM VOR SICH GING. ER HATTE ZAHLREICHE GESICHTER, DIE ER DEN MENSCHEN ZEIGTE, DOCH KEINES DAVON WAR ECHT.

Die Zeit verging und der Schmerz wuchs, angetrieben von der Erkenntnis, dass die Leute nicht ihn liebten – sie liebten eine Fassade. John konnte den Schmerz nicht alleine loswerden. Er begann sich mit Pornografie zu behandeln und hoffte, so den Raum der Intimität auszufüllen, der noch nie ausgefüllt worden war. Doch der Schmerz war wie eine eiternde Wunde. Das Verlies war dunkler geworden, und die Drachen hatten ihre Anklagen tief in sein Herz einsinken lassen. Er kannte sich selbst nur als jemand, der sich selbst und Frauen verletzt.

John machte in seinen Teenagerjahren auf diese Art weiter, bis er mit ungefähr 20 Jahren schließlich seine Frau traf. Zunächst sah alles großartig aus. Sie war genau das, was er immer gewollt hatte. Er hatte sein Leben lang nach jemandem gesucht, der ihn wirklich liebte und den er wirklich lieben konnte. Wie könnte das nur schief gehen? John war noch nicht einmal ein Jahr verheiratet, als die Drachen begannen, ihn daran zu erinnern, dass seine Frau ihn gar nicht richtig kannte, weil er viele Gesichter hatte, die aber alle nur Heuchelei waren. Die Angst, irgendwann entdeckt und abgelehnt zu werden, vermischte sich mit der Tatsache, dass die Frau, die er geheiratet hatte, ein Juwel war. Er dachte: „Wenn sie es je herausfindet, wer ich wirklich bin, wird sie mich niemals lieben."

Mit der Zeit baute sich der Druck immer mehr in ihm auf und die Drachen flüsterten ihre Lügen in sein Ohr. Unterdessen zog er sich immer weiter in sich zurück und versuchte zu vergraben, wer er wirklich war. Es war nur eine Frage der Zeit, bis ein Mangel an echter Intimität und seine Fassaden ihre Beziehung in tausend Stücke zerfetzten. Alleine und nach Liebe hungernd ging John an den einzigen Ort zurück, wo er jemals Trost gefunden hatte – zu einer anderen Frau, die genauso zerbrochen und versteckt war wie er.

Die Sünden des Vaters wiederholen

John wiederholte die Sünden seines Vaters. Doch John realisierte nicht, dass die Sünden seines Vaters nicht durch irgendeine erbliche Krankheit an ihn weitergegeben wurden; sie wurden ihm gegeben, indem er mit dem Glaubenssystem seines Vaters einig war. John hatte sich nie von den Grundwerten seines Vaters getrennt. Er hing so eng an einer gestör-

ten Denkweise, die er durch die Schläge und den Liebesmiss-
brauch seines Vaters gelernt hatte, dass es ihn schließlich alles
kostete.

Die Wahrheit ist, dass John eine neue Schöpfung in Christus war. Alte Dinge waren schon vergangen, und Gott hatte
Neues in sein Leben gebracht (siehe 2. Korinther 5,17). Oft
fragen Christen: „Wenn ich eine neue Schöpfung bin, warum
schlage ich mich dann immer noch mit dem gleichen alten
Zeug herum?" Die Antwort liegt in unserer Fähigkeit unser
Leben ganz Christus unterzuordnen. Jesus sagte: „Kommt alle
her zu mir, die ihr müde seid und schwere Lasten tragt, ich
will euch Ruhe schenken." (Matthäus 11,28) Die Kernaus-
sage Jesu ist: „Kommt zu mir, wie ihr seid: müde, erschöpft
und belastet. Und dort hole ich euch ab."

Die meisten Gläubigen, die in ihren Sünden feststecken, sind
so zu Gott gekommen, wie sie auch der Welt begegnen: Sie
verstecken sich hinter ihrer Fassade und spielen Gemeinde
vor. Ihre Absichten mögen ja gut sein, doch sie verstehen
nicht, dass Jesus der Ausweg ist. Er ist nicht daran interessiert,
dass sie ohne Ihn einen Ausweg finden! In Wahrheit brauchen
wir Ihn um siegreich zu leben. Mit anderen Worten: Wenn wir
frei werden wollen, müssen wir so zu Christus kommen, wie
wir sind. Der Epheserbrief bringt eine unglaubliche Offenbarung über das Verhalten von Gottes heiligem Volk zutage:

Auch wenn es früher in euch finster war, seid ihr jetzt vom
Licht des Herrn erfüllt; deshalb lebt nun auch als Kinder
des Lichts! Denn dieses Licht in euch bringt lauter Güte,
Gerechtigkeit und Wahrheit hervor. Findet heraus, was dem
Herrn Freude macht. Beteiligt euch nicht an den nutzlosen
Taten der Finsternis, sondern deckt sie vielmehr auf. Es ist
beschämend, auch nur davon zu reden, was gottlose Men-

*schen im Verborgenen treiben. Doch wenn das Licht darauf
fällt, wird alles sichtbar werden. Was aber sichtbar wird, wird
nun auch Licht. Deshalb heißt es: „Wach auf, du Schläfer,
steh von den Toten auf, dann wird Christus dir aufleuchten. "*
(Epheser 5,8-14)

Das ist ein kraftvoller Abschnitt, der an Christen geschrieben wurde. Paulus lehrt uns hier, dass wir uns nicht in der Dunkelheit verstecken, sondern alles ans Licht bringen sollen. Wenn wir ins Licht kommen, werden unsere Seelen vom Tod aufgeweckt, und wir werden Licht! Doch was geschieht, wenn wir zu Christus kommen, aber immer noch Teile von uns in den wechselnden Schatten der Dunkelheit verstecken? Das war Johns Geschichte. Er kam verzweifelt zu Christus und wollte etwas spüren, was er noch nie zuvor gespürt hatte. Er brauchte Liebe und sehnte sich danach frei zu sein. Doch er hatte dem Herrn nur bestimmte Räume seines Herzens geöffnet und hielt die Drachen, die ihn wegen seines Glaubenssystems gejagt hatten, in sich drin.

Die Teile seines Herzens, die er aufgemacht hatte, waren frei und heil geworden. Doch dann gab es eine ganze Welt der Dunkelheit, an die der Herr nicht herankam um sie zu heilen, weil John fürchtete, dass seine Transparenz bestraft würde. Und somit lud John die Drachen seines alten Lebens in den schönen Palast von Gottes Gegenwart ein.

Die Furcht vor Ablehnung füttert die Monster unserer Seele und fesselt uns an die Schlange des Alten. Wenn wir nicht zu Jesus kommen, wie wir sind (mit unserem Gepäck, unserer Gebundenheit und Zerrissenheit), dann werden wir nie Seine bedingungslose Liebe erleben. Dann haben wir das Gefühl, wir müssten etwas leisten für Seine Annahme. Wenn wir hingegen so zu Christus kommen, wie wir sind, und Er uns inmitten unserer Sünde liebt, dann bringt das leuchtende Licht des Herrn unserem ganzen Leben Heilung. Die Furcht vor Ablehnung und die Scham, die uns einst als Geisel genommen hat, werden von uns abgetrennt, wenn wir seine unglaubliche Gnade und unsere neue Natur in Christus annehmen.

DIE FURCHT VOR ABLEHNUNG FÜTTERT DIE MONSTER UNSERER SEELE UND FESSELT UNS AN DIE SCHLANGE DES ALTEN. WENN WIR NICHT ZU JESUS KOMMEN, WIE WIR SIND (MIT UNSEREM GEPÄCK, UNSERER GEBUNDENHEIT UND ZERRISSENHEIT), DANN WERDEN WIR NIE SEINE BEDINGUNGSLOSE LIEBE ERLEBEN.

Ursprüngliche Vertrautheit

Wie wir alle hungerte John nach einer vertrauten Beziehung mit Gott, doch die Scham hatte ihn im Garten mit der Schlange gefangen, was uns stark an unsere Vorfahren erinnert. Wir kennen alle die Geschichte von Adam und Eva und der listigen Schlange, die die Sünde in die Welt gebracht hat. Lassen Sie uns zurück in den Garten reisen, der Ort, an dem alles begann, und sehen, ob wir die wahren Wurzeln der Intimität entdecken können.

Die Geschichte beginnt damit, dass Gott die Menschen als Mann und Frau schuf und ihnen dann befahl, fruchtbar zu sein und sich zu vermehren und sich die Erde untertan zu machen (siehe 1. Mose 1,26-28). Diese Verse können ein bisschen verwirrend klingen, weil manche glauben, dass Gott in 1. Mose 1 über Adam (Adam ist das hebräische Wort für „Mann" oder „Menschheit") als sowohl männliches als auch weibliches Wesen spricht, obwohl Eva noch gar nicht auf der

Bildfläche erschienen ist. Eigentlich geben uns diese Verse in 1. Mose 1 einen Blick aus der Vogelperspektive, wie Gott die Menschheit als Mann und Frau geschaffen hat, während uns 1. Mose 2 eine Nahaufnahme davon zeigt, wie und warum Gott Adam, den ersten Mann, geschaffen und dann Eva entworfen hat, um das perfekte Gegenstück zu Adam zu sein.

Ich weiß, dass es viele Möglichkeiten gibt die Schöpfungsgeschichte in 1. Mose 1 und 2 zu sehen. Ein Gedanke ist, dass Gott Adam mit sowohl männlichen, als auch weiblichen Geschlechtsteilen geschaffen hat (ich weiß, das ist ein seltsames Bild). Eine andere Erklärung ist, dass Gott sowohl männliche als auch weibliche Adams geschaffen hat. Es ist interessant hier anzumerken, dass das hebräische Wort für „weiblich" nicht dasselbe ist wie das hebräische Wort für „Frau". Es ist zum Beispiel richtig zu sagen, dass das Geschlecht eines Hundes weiblich ist, aber man würde nicht sagen, dass ein weiblicher Hund eine Frau ist. Eine andere Möglichkeit ist, dass der erste Mann, Adam, nur mit männlichen Geschlechtsteilen geschaffen wurde und Gott nur die dazugehörigen weiblichen Teile machte, als Er die Frau als perfektes Gegenstück zu Adam entwarf und schuf.

Die am weitesten verbreitete Sicht über die Schöpfungsgeschichte ist, dass 1. Mose 1 der Überblick darüber ist, wie Gott die Welt geschaffen hat, während 1. Mose 2 die Details beinhaltet, wie Gott Mann und Frau in die Welt gebracht hat. Das Komische bei dieser Erklärung ist, dass Adam nach einem passenden Helfer unter den Tieren sucht. Mit anderen Worten: Wenn es Gottes ursprünglicher Plan für Adam war, dass er fruchtbar sein, sich vermehren und die Welt beherrschen sollte, dann ergibt es keinen Sinn, warum Adam ohne die Fähigkeit sich zu vermehren in einen Garten gesteckt werden sollte. Und er hat ganz sicher nicht unter den Tieren nach etwas gesucht, mit dem er sich vermehren konnte. Gott stellte es vom Beginn der Schöpfung an klar, dass sich jede Gattung nur „nach ihrer Art" (1. Mose 1,24, Elberfelder) vermehren soll. Aus diesem Grund wird es in 1. Mose 2 deutlich, dass Gott wollte, dass Adam entdeckt, dass es keinen passenden Helfer unter den Tieren gab, sodass Adam sich nach dem sehnte, was Gott schon für ihn im Sinn hatte – ein Gegenstück nach seiner eigenen Art, mit dem Adam Ihm dienen würde, indem sie fruchtbar sind, sich vermehren und als dienende Leiter über die Welt herrschen.

Okay, inzwischen fragen Sie sich wahrscheinlich schon, warum wir so viel über die Erschaffung des Menschen sprechen. Wie gibt der Ursprung von Mann und Frau uns einen Einblick in die Wurzeln der Intimität? Nun, das ist eine gute Frage. Die Antwort liegt im ursprünglichen Entwurf des Menschen. Adam war dazu geschaffen Gott zu brauchen. Ohne Gott war Adam unvollständig und einsam. Immer, wenn Gott in der Kühle des Tages in den Garten kam, war Adam heil, glücklich und erfüllt. Doch wenn Gott weg war, war Adam unvollständig. Adam brauchte eine Hilfe, die zu ihm passte (siehe 1. Mose 2,18).

Das hebräische Wort für „Helfer" heißt „ezer". Es wird 19 mal im Alten Testament benutzt; dreimal für Frauen und 16 mal für Gott. Mit anderen Worten: Gott suchte nicht nach jemandem, mit dem Adam sich vermehren konnte. Er suchte nach jemandem, der mit Adam auf die gleiche Weise vertraut sein konnte, wie Gott mit ihm vertraut war. Gott löste das Dilemma, indem Er Adam in einen Schlaf versetzte und die Frau aus dem Mann herausnahm. Er brach Adam buchstäblich entzwei, damit Adam ohne seine Frau unvollständig sein würde. Adams Bedürfnis, dass seine Frau ihn vervollständigt, war so stark, dass er unverzüglich prophezeite: „Das erklärt,

warum ein Mann seinen Vater und seine Mutter verlässt und
sich an seine Frau bindet und die beiden zu einer Einheit
werden." (1. Mose 2,24)

Adam und Eva genossen ein Leben der Ungezwungenheit.
Sie gingen mit dem Herrn in der Frische des Morgens, und
ich kann mir vorstellen, wie sie abends bei Dämmerung im
Gras lagen und die Sterne über sich genossen. Doch leider
hielt dieses Leben in Frieden und Vertrautheit mit Gott und
miteinander nicht lange an. Sie missachteten Gott, indem sie
dem Teufel gehorchten. Das führte sie dazu, von dem einzigen
Obstbaum im ganzen Garten zu essen, von dem Gott ihnen
verboten hatte zu essen. Kurz gesagt: Nachdem sie gesündigt hatten, bemerkten Adam und Eva beide zum ersten Mal,
dass sie nackt waren, und sie versteckten sich vor dem Herrn,
indem sie sich mit Feigenblättern bedeckten. Kurz danach
wurden sie aus dem Garten entfernt und mussten sich in der
Wildnis selbst verteidigen.

Warum wir uns verstecken

Ich möchte nur ein paar wenige Dinge aus dieser Geschichte
beleuchten. Wenn Sünde in unser Leben kommt, beginnen
wir uns zu verstecken, so wie Adam und Eva. Wenn die Sünde
einmal Wurzeln geschlagen hat, zerstört sie den wichtigsten
Teil unseres Lebens: Vertrautheit mit Gott und mit anderen.
An dem Tag, an dem Adam und Eva in Sünde fielen, fühlten
sie sich zum ersten Mal nicht mehr angenommen, so nackt,
wie sie waren. Der Vertrautheitsgrad mit Christus wurde
ernsthaft beschädigt durch die Sünde, die sich eingeschlichen
hatte. Und in den letzten 2000 Jahren richtete sich der größte
Angriff gegen die Menschheit darauf, sie zu isolieren und die
Vertrautheit in unserem Leben zu ersticken.

In christlichen Kreisen höre ich die Leute immer sagen: „Gott ist alles, was wir brauchen." Auf einer gewissen Ebene verstehe ich, was sie damit ausdrücken wollen. Doch in Wahrheit brauchen wir mehr als Gott! Genau deshalb hat Er Eva und Adam zusammengetan. Ohne die Fähigkeit Leute in unser Leben zu lassen, sind wir kraftlos und hungern nach Liebe. Wie schon zuvor gesagt: Gott ist unsere Quelle der Liebe, Identität, Sicherheit, des Schutzes und der Versorgung für die Zukunft. Die Funktion, die Menschen in unserem Leben haben, ist jedoch die des Gehilfen.

Menschen sind Ihre Quelle der Gemeinschaft, ein Zugehörigkeitsgefühl, das Gefühl gekannt und verstanden zu werden, Partnerschaft, Spaß und viele andere Dinge. Leute bringen unter anderem auch Inspiration in unser Leben. Sie erinnern uns daran, wer wir sind und stehen uns in den härtesten Zeiten zur Seite. Wir sind nie so geschaffen worden, dass wir alleine leben sollen oder nur Gott brauchen. Er hat uns dazu geschaffen in Einheit mit Ihm und mit anderen menschlichen Wesen zu leben.

Wahre Vertrautheit definieren

Vertrautheit kann definiert werden als: „Du siehst in mich hinein." Es ist die Fähigkeit sich zu öffnen und andere Menschen um uns herum wissen zu lassen, was wir wirklich denken, fühlen und sehen. Vertrautheit bedeutet nicht nur unser Herz auf der Hand zu tragen, sondern unser Herz den Menschen zu reichen, die wir am meisten lieben.

In diesem verletzlichsten Stadium können wir die Fülle der Liebe empfangen. Vertrautheit bedeutet nicht nur unser Herz auf der Hand zu tragen, sondern unser Herz den Menschen zu reichen, die wir am meisten lieben. In diesem verletz-

lichsten Stadium können wir die Fülle der Liebe empfangen.

Weiter vorne in diesem Kapitel habe ich darüber gesprochen, so zu Gott zu kommen, wie Sie sind, sodass Sie von Ihm die Liebe empfangen können, die Er für Sie hat. Das gleiche Prinzip gilt für Menschen: Wenn Sie jemandem zeigen, was in Ihrem Herzen ist (egal, was es ist), und diese Person Sie liebt und akzeptiert, dann haben Sie bedingungslose Liebe erlebt; die Art von Liebe, die Gott für Sie hat.

Ohne Vertrautheit gibt es eigentlich keinen Weg, wie unsere Bedürfnisse erfüllt werden. Das war Johns Dilemma. Er konnte sich von den Leuten um sich herum nie geliebt und angenommen fühlen, weil er nie ehrlich ihnen gegenüber gewesen war. Unehrlichkeit sperrt uns in Wände aus Glas ein und isoliert uns von der Zuwendung, die wir so dringend brauchen.

Gefälschte Vertrautheit

Vor einer Weile habe ich eine Jüngerschaftsklasse gelehrt. Während einer der Frage- und Antwortstunden fragte mich ein Schüler: „Wenn Sie der Welt irgendetwas geben könnten, was wäre es?" Nachdem ich eine Weile nachgedacht hatte, sagte ich: „Wenn ich der Welt irgendetwas geben könnte, würde ich jeder Person die Fähigkeit geben, ein Leben in Vertrautheit zu leben."

Unsere Welt hungert danach gekannt und geliebt zu werden. Deshalb sind Pornografie und Prostitution zwei der größten Industrien der Welt. Pornografie ist eine gefälschte Form der Vertrautheit.

Unsere Welt hungert danach gekannt und geliebt zu werden. Deshalb sind Pornografie und Prostitution zwei der grössten Industrien der Welt. Pornografie ist eine gefälschte Form der Vertrautheit.

Ich habe gemerkt, dass die meisten Leute, mit denen ich gearbeitet habe, die mit Pornografie kämpfen, ein großes Problem mit Vertrautheit haben. Pornografie gibt Ihnen ein momentanes Gefühl gekannt zu werden und verletzlich zu sein, ohne die Gefahr abgelehnt zu werden. Diese Industrie ist weiter gewachsen wegen unseres mangelnden Verständnisses von dem Schaden, die die vorangegangenen Generationen angerichtet haben, und wegen unserer Unfähigkeit, ihn rückgängig zu machen.

In den Sechziger- und Siebzigerjahren rebellierte die Welt gegen eine Gesellschaft, die versucht hatte, sie regelkonform zu machen. Junge Leute hatten genug von Tradition und Religion; sie wollten etwas Echtes. Die Welt rief Lieder der Erneuerung aus und sang: „Alles, was wir brauchen, ist Liebe." Freie Liebe war das Motto dieser Zeit. Jugendliche auf der ganzen Welt lebten einen Lebensstil des Feierns und nutzten ihre Freiheit aus. Die einengenden Regeln der Vierziger und Fünfziger hatten eine junge Generation hinterlassen, die nach Freiheit strebte und sich nach Liebe und bedingungsloser Akzeptanz sehnte. Die Liebe und Annahme, die die Menschheit in den Sechzigern und Siebzigern versucht hat zu schaffen, ließ die Leute nur noch zerbrochener und verwirrter zurück als sie davor waren.

Wenn wir den sichtbarsten Teil von uns jedem geben, der ihn will, sind wir am Ende nur zerrissen.

Angemessene Ebenen der Vertrautheit

Obwohl die Bedürfnisse der Nachkriegsgeneration legitim waren, waren die Taktiken dieser Zeit letztlich zerstörerisch. Sie haben es versäumt zu erkennen und zu wahren, dass es unterschiedliche Ebenen von Vertrautheit gibt. Sie sollte nicht allen auf gleicher Ebene aufgetischt werden.

Nur so bleibt Vertrautheit wertvoll und wir bleiben geschützt. Die Ebene der Vertrautheit, die wir mit einer Person haben, sollte immer dem Level der Verbindlichkeit entsprechen. Es ist in Partnerbeziehungen zum Beispiel üblich, dass sich die Paare küssen, herummachen oder sogar Sex haben, lange bevor sie auch nur irgendeine Verpflichtung miteinander eingegangen sind. Sie können sich vorstellen, was passiert, wenn Sie sich jemandem hingeben, und am nächsten Tag ist er mit Ihnen fertig. Das einzige, was Ihnen bleibt, ist ein Haufen Schmerz und ein gebrochenes Herz.

Weil die Leute nicht verstanden haben, wie man Grenzen der Intimität setzt, ist es unglaublich schwierig geworden, das zu tun. Gehen Sie sicher, dass Ihre Ebene der Verbindlichkeit in Beziehungen mit sowohl Männern, als auch Frauen der Ihrer Vertrautheit entspricht.

Was Vertrautheit fördert

Vertrauen ist die Grundlage wahrer Vertrautheit. Vertrauen wird durch Beständigkeit gebaut, wenn Sie wissen, dass die andere Person Ihr Bestes im Sinn hat. Vertrauen wird nicht durch die Abwesenheit von Fehlern gebaut, sondern vielmehr darauf, wie gut wir unser Durcheinander wieder beseitigen. Keiner auf dieser Welt ist perfekt, deshalb machen wir auch in unseren Beziehungen Fehler. Wenn unsere Fehler jedoch mit Respekt und Integrität behandelt werden, bringen sie sogar größeres Vertrauen in unserer Beziehung hervor.

Ich habe einmal ein kaufmännisches Buch gelesen, in dem der Autor Umfragen zu genau diesem Thema gemacht hat. Er befragte Kunden aus ganz Amerika, die er in drei Kategorien einteilte: In der ersten Kategorie waren Leute, die mit einer bestimmten Firma Geschäfte gemacht haben und nie irgendwelche Probleme mit ihr gehabt hatten. Die zweite Gruppe von Leuten waren Kunden, die Probleme mit einer Firma gehabt haben, wo das Unternehmen das Problem jedoch befriedigend gelöst hat. Die dritte Klasse von Leuten waren Kunden, die Probleme mit einer Firma gehabt haben, doch das Dilemma blieb ungelöst. Überraschenderweise entdeckte der Autor in seiner Studie, dass die loyalsten Kunden diejenigen waren, die das Problem mit der Firma gehabt haben, und das Unternehmen hat es zu ihrer Zufriedenheit gelöst.

Wenn wir lernen unseren Müll aufzuräumen und Dinge mit Leuten in Ordnung zu bringen, bauen wir loyale, vertrauensvolle, vertraute Beziehungen.

Taktisches Training für Vertrautheit

Die Furcht vor Vertrautheit verschwindet nicht einfach von selbst. Es ist nicht so, dass man eines Tages aufwacht und plötzlich dazu bereit ist, die Tiefen seines Herzens mit den Leuten um sich herum zu teilen. Doch ich habe herausgefunden, dass Sie der Furcht entgegenwirken können, die Sie oft in vertrauten Beziehungen empfinden, wenn Sie gute kommunikative Fähigkeiten erlernen.

Es ist ungefähr so, wie wenn man sich für die Armee aufstellen lässt und gleich am nächsten Tag in eine hitzige Schlacht geworfen wird. Wir wären alle entsetzt. Schon allein der Gedanke ein taktisches Manöver zu planen oder aus dem Bunker herauszukommen wäre beängstigend. Wenn wir jedoch monatelang die Taktiken im Militär eingeübt hätten, würden wir uns für die Schlacht vorbereitet fühlen. Ohne Erfahrung in der Kriegsführung hätten wir immer noch Angst, doch die Fähigkeiten, die wir im Training erworben haben, würden uns dabei helfen die Furcht zu überwinden und Zuversicht in uns wecken.

Gute Kommunikationsfähigkeiten zu entwickeln ist ein erster Schritt dahin, die Furcht vor Vertrautheit zu überwinden.

GUTE KOMMUNIKATIONSFÄHIGKEITEN ZU ENTWICKELN IST EIN ERSTER SCHRITT DAHIN, DIE FURCHT VOR VERTRAUTHEIT ZU ÜBERWINDEN.

Zu lernen, wie man ausdrückt, was in einem vorgeht, ist besonders wichtig, wenn die Dinge nicht wie geplant laufen. Wir sprechen im nächsten Kapitel mehr über Kommunikation. Ich empfehle Ihnen, Ihre Fähigkeiten mit Leuten zu üben und zu entwickeln, die sicher sind. Wenn Sie in der Anfangsphase sind, Ihren Schmerz zu überwinden, ist es nicht an der Zeit rauszugehen und neue Fähigkeiten unter wahllos ausgesuchten Leuten auszuprobieren. Sie müssen jemanden, oder eine Gruppe von Leuten finden, wie einen Hauskreis, die Ihnen dabei helfen können, diesen neuen Lebensstil von Transparenz durchzuziehen. Sie werden entdecken, dass mehr Leute als gedacht den Schmerz von gebrochenem Vertrauen, Betrug und ungesunden Beziehungen durchgemacht haben. Und während Sie lernen ein siegreiches Leben zu führen, wird Ihr Durchbruch auch ein Durchbruch für andere werden!

Kapitel 12

EIN *neuer* Maßstab

Wenn ich (Kris) mir selbst gegenüber ehrlich bin, gibt es etwas in mir (und eigentlich in uns allen), das sagt: „Jemand, der Mist baut, verdient es, dafür bestraft zu werden!" Ein Problem bei dieser Denkweise ist, dass wir damit anfangen Leute über ihre Fehler zu definieren, statt darüber, wie sie ursprünglich geschaffen worden sind. Jemand, der lügt, wird zum Lügner. Jemand, der sich betrinkt, wird als Alkoholiker abgestempelt. Huren, Ehebrecher, Sexsüchtiger und Mörder sind alles Pseudonyme, die wir Leuten geben, wenn wir sie durch ihre Sünde hindurch sehen, anstatt durch die Linse von Gottes göttlichem Design.

In dem Moment, in dem wir die Sünde von Leuten mit ihrer Identität verknüpfen, oder jemanden mit seiner schlimmsten Tat abstempeln, fühlen wir uns berechtigt sie zu bestrafen. In der Gemeinde habe ich zum Beispiel oft gehört, wie jemand über eine Person als „eine Isebel" oder „ein Judas" spricht. Wenn wir jemanden nach einem Feind benennen, wollen wir uns nicht mehr mit ihm versöhnen. Stattdessen machen wir uns bereit dazu, sie aus unserem Beziehungskreis auszuschließen. Das Band der Liebe wird zu Hause gelassen, und die Kriegswaffen werden zum Freundschafts-Bankett mitgebracht.

Eine Kultur der Belohnung schaffen

Menschen über ihre Verfehlungen zu identifizieren schafft eine Kultur, in der Regeln Beziehungen ersetzen und Gerechtigkeit Liebe übertrumpft. Es wird wichtiger Recht zu haben als zusammen zu sein.

Wenn sie die meisten unserer sozialen Systeme untersuchen, werden Sie Strukturen finden, die dazu da sind Leute zu bestrafen. Wir sind zu einer regelbasierten Gesellschaft geworden, statt einer, die auf Liebe beruht.

WENN SIE DIE MEISTEN UNSERER SOZIALEN SYSTEME UNTERSUCHEN, WERDEN SIE STRUKTUREN FINDEN, DIE DAZU DA SIND LEUTE ZU BESTRAFEN. WIR SIND ZU EINER REGELBASIERTEN GESELLSCHAFT GEWORDEN STATT EINER, DIE AUF LIEBE BERUHT.

„Erlösung", „Versöhnung" und „Auszeichnung" sind oft nur leere Begriffe in unserer Kultur. Wenn Sie zum Beispiel sehen, dass ein Polizeiauto Ihnen folgt, schauen Sie automatisch auf Ihren Tacho um sicher zu gehen, dass Sie nicht rasen, weil Sie wissen, dass der Polizeibeamte den Auftrag hat sie dabei zu erwischen, wenn Sie etwas falsch machen, nicht wenn Sie etwas richtig machen.

Können Sie sich eine Welt vorstellen, in der Bedienstete als oberste Priorität dazu beauftragt sind, Leute für ihre Leistungen auszuzeichnen? Das könnte ungefähr so aussehen: Sie schauen in Ihren Rückspiegel und sehen eine Polizeistreife mit Blaulicht hinter Ihnen. Sie sehen auf Ihren Tacho um sich zu vergewissern, dass Sie unter der Geschwindigkeitsgrenze liegen. Die Aufregung baut sich in Ihnen auf, als Sie auf der Autobahn rechts heranfahren. Der Beamte kommt lächelnd zu Ihrem Fahrerfenster. Er sagt: „Ich bin Ihnen mehrere Kilometer gefolgt und habe gesehen, wie höflich und sicher Sie fahren. Hier haben Sie zwei Karten für den Super Bowl. Viel Spaß!"

Dieses Beispiel mag verrückt klingen, aber herzlich willkommen im Denken des Reiches Gottes! Als wir Jesus angenommen haben, sind wir aus dem Reich der Finsternis in das Reich Gottes versetzt worden. Wir haben die Kultur von Bestrafung hinter uns gelassen und uns in die neue Welt der Belohnung begeben. Der Herr hat diese Wahrheit immer und immer wieder in der Bibel wiederholt. Das letzte Kapitel endet sogar, indem Jesus sagt: „Siehe, ich komme bald und mein Lohn mit mir, um allen zu vergelten, was sie getan haben." (Offenbarung 22,12)

Wie ist es mit der Erlösung?

Der religiöse Geist will Regeln über Beziehungen setzen. Das Neue Testament berichtet uns, dass die Pharisäer Jesus ständig ausgeschimpft haben, weil Er die Regeln missachtet hat. Wenn Er jemanden am Sabbat heilte, gerieten die Pharisäer völlig aus der Fassung. Dann erinnerte sie Jesus daran: „Der Sabbat wurde zum Wohl des Menschen gemacht und nicht der Mensch für den Sabbat." (Markus 2,27)

Regeln, Gesetze und Richtlinien sollten immer den erlösenden Absichten Gottes dienen. Immer wenn Gesellschaften verlangen, dass die Leute Regeln dienen, bevor sie Menschen dienen, ist das Ergebnis Kreuzigung. Das amerikanische Strafvollzugssystem ist in vielerlei Hinsicht zu einem Beispiel einer Kultur der Strafe geworden, nicht der Erlösung. Das Ziel in vielem in unserem Justizsystem ist, Kriminelle zu bestrafen, statt sie zu rehabilitieren.

Lassen Sie mich hier deutlich machen: Wenn sich Menschen nicht von innen heraus kontrollieren können, ist die Gesellschaft dazu verpflichtet, sie von außen zu kontrollieren, damit die Gesellschaft gesund und sicher bleiben kann. Doch wenn wir es zu unserer Aufgabe machen, Leute für ihre Sünden zu bestrafen, verlieren wir den Blick für die vorrangige Rolle der Gesellschaft, nämlich Leute zurückzunehmen und wiederherzustellen. Wenn wir glauben, dass Sünder bestraft werden müssen und nicht erlöst, und dass Sünde Trennung erfordert, bauen wir eine zerrüttete Zivilisation. Natürlich werden Strukturen der Bestrafung immer ohne das Bewusstsein gebildet, dass wir selbst Gottes Erlösung und Vergebung brauchen. Es kommt mir komisch vor, dass Menschen, die so viel Gnade brauchen, so verurteilend sein können.

Vertrauen wiederherstellen

Eine der größten Herausforderungen mit dem Bau einer rettenden Gesellschaft ist die Frage, wie wir den Leuten dabei helfen können, Vertrauen und Beziehungen wiederherzustellen. Uns allen ist bewusst, dass Veränderung ohne Gottes übernatürliches Eingreifen oft ein schwieriger Prozess ist, der endlose Mengen an Zeit und Geduld erfordert. Wir können sicher niemand anderen verändern, aber wir können ein Umfeld schaffen, das den rettenden Prozess für Menschen begünstigt, die sich inmitten ihrer Verwandlung befinden.

Einer meiner Freunde ist ein großartiges Beispiel für jemanden, der durch seine vierzigjährige Abhängigkeit von Pornografie Sünde in sein Haus voller Kinder gebracht hat, und der dann eine Begegnung mit Gott hatte, die ihn dazu befähigte sich zu verändern. Wie Sie sich vorstellen können, erlebte er eine Menge Widerstand von seiner Familie, die sich zwar sehnlichst wünschte, dass er sich veränderte, aber es schwer fand ihm je wieder zu vertrauen. Weil Sünde so tief verletzt, ist die erste Reaktion, die jemand auf dem Weg zur Wiederherstellung bekommt, meistens auf Angst gegründet. Bisher hatte die Familie versucht, sein schädliches Verhalten davon abzuhalten, sie vollständig zu zerstören. So hatte jedes Familienmitglied entsprechend dem Grad, bis zu dem er sie verletzt hatte, ein Abwehrsystem ihm gegenüber entwickelt, um das Umfeld zu überleben, das er geschaffen hatte. Und hier wird es kompliziert: Mein Freund lebt nicht mehr in Sünde und fügt seinem Umfeld keine Schmerzen mehr zu, doch weil er es über einen so langen Zeitraum getan hat, und seine Frau und seine Kinder so tief verletzt hat, hat sich ihre alte Sichtweise ihm gegenüber in ihr Gehirn gebrannt.

Die Frau meines Freundes ist mit der Zeit verständlicherweise zum Vollstrecker geworden, der dafür zuständig war, alle seine Sünden zu bestrafen; und seine Kinder wurden distanziert. Aber er ist nicht mehr der Mann als den sie ihn sehen! Was macht er jetzt also? Seine Frau spielt immer noch die Rolle des Vollstreckers, und seine Kinder sind immer noch distanziert, ungeachtet dessen, dass sein Herz sich verändert und er vollständig Buße getan hat.

Das sind die Umstände, unter denen die meisten Leute beschließen, dass es zu schwer ist sich zu verändern und in die Bequemlichkeit ihrer alten Rollen zurückfallen: Mein Freund als der Machtlose, der den Einwirkungen des Vollstreckers gegenüber abgestumpft war, und seine Frau, die ihm schaufelweise den Opfergeist austeilte. Wenn er diese Dynamik jemals verändern will, muss er lernen, sich selbst zu lieben und zu vergeben, und er muss selbst die Maßstäbe in seinem Zuhause verändern.

Gottes Sicht der Wiederherstellung

In den Kapiteln 11 und 12 im 2. Buch Samuel finden wir eine der unglaublichsten Darstellungen von Gottes Charakter im

191

Umgang mit dem Versagen von Menschen. Wir denken gerne an die heldenhaften Geschichten von König David, wie er ohne Waffe einen Löwen und einen Bären tötete und einen Riesen mit nur einer Steinschleuder und einem Kieselstein erschlug. Jeder junge Mann beneidet David. Doch der Mann nach dem Herzen Gottes beging Ehebruch und ermordete seinen Freund! Falls Ihnen diese Geschichte nicht geläufig ist, sie geht etwa so:

In einer Zeit, in der die Könige in den Krieg ziehen sollten, blieb David zu Hause. Das war sein erster großer Fehler. Der sicherste Ort auf dieser Welt ist im Willen Gottes. Wir sind sicherer, wenn wir mit Gott auf dem Schlachtfeld sind, als wenn wir alleine in einem befestigten Palast sitzen. Nichtsdestotrotz entschied sich David eines Abends, einen gemütlichen Spaziergang auf seiner Dachterrasse zu machen, wo er eine Frau sehen konnte, die ein Bad nahm. In seiner Langeweile schickte David einen Boten, der die Frau herbeirief. Romantik schwebte durch die Luft, als David an diesem Abend mit der Frau eines seiner besten Freunde Sex hatte.

Es vergehen Monate, ehe Batseba David die Neuigkeiten überbringt, dass sie schwanger ist, und Davids Sünde wird bald sichtbar werden. Von Panik ergriffen befiehlt David ihrem Mann Uria, sofort vom Schlachtfeld heimzukommen. Er weiß: Wenn Uria keinen Sex mit seiner Frau hat, wird Davids ehebrecherische Beziehung mit ihr entdeckt.

Um es kurz zu machen: Uria kam vom Krieg nach Hause, und aus Loyalität seinen Männern gegenüber, die von ihren Familien getrennt waren und nachts auf dem harten Boden schliefen, weigerte er sich mit seiner Frau zu schlafen, trotz aller Bemühungen König Davids. Frustriert und verängstigt schickt König David Uria zurück auf das Schlachtfeld und lässt ihn sein eigenes Todesurteil tragen. David hatte

Uria einen Brief mitgeschickt, der seinen Befehlshaber Joab anwies, Uria an die Front zu schicken und sich dann zurückzuziehen, sodass Uria getötet wird.

An diesem Tag fiel ein ehrbarer, mächtiger Mann auf dem Schlachtfeld der Sünde. Als Batseba die Neuigkeiten über den Tod ihres Mannes hörte, trauerte sie tagelang. Dann heiratete sie den König und zog in den Palast. Ich bin mir sicher, dass David wünschte, dass nichts von alledem geschehen wäre. Doch die schlechten Neuigkeiten gingen weiter und Batseba verlor ihr erstes Kind. Nachdem sie den Tod ihres Kindes betrauert hatten, schlief David wieder mit Batseba, und sie gebar den nächsten König. Sie wurden von Gott instruiert, ihn Salomo zu nennen.

Diese Geschichte zeigt die erlösende Natur Gottes. Davids Leben ist ein Bild von Tragödie und Triumph. Für mich ist der schönste Teil der Geschichte jedoch Gottes unglaubliche Fähigkeit, eine furchtbare Situation zu nehmen und Seine königlichen Absichten daraus hervorzubringen. Salomo, einer der größten Könige in der Geschichte Israels, wurde von Eltern geboren, die Ehebruch begangen haben; und einem Vater, der gemordet hat. Und noch tiefgreifender ist, dass König David als der Vater von Jesus Christus angeführt wird, in der Linie Seiner direkten Vorfahren (siehe Matthäus 1,1; 9,27; 20,30; Markus 10,47; 12,35; Lukas 6,3; 18,38; 2. Timotheus 2,8; Offenbarung 22,16).

Das Leben König Davids liest sich wie eine Seifenoper, doch in den Seiten steckt Hoffnung für jeden, der schon einmal kläglich versagt und es bereut hat. Diejenigen unter uns, die wie David zerstörerische Entscheidungen getroffen haben, die anderen geschadet haben, müssen sich daran erinnern, dass wir nie so weit fallen können, dass Gott uns nicht findet. Oder nie so schnell, dass Gott uns nicht fangen kann. Oder nie so hart, dass Gott uns nicht wieder auf die Beine stellen kann.

DIEJENIGEN UNTER UNS, DIE WIE DAVID ZERSTÖRERISCHE ENTSCHEIDUNGEN GETROFFEN HABEN, DIE ANDEREN GESCHADET HABEN, MÜSSEN SICH DARAN ERINNERN, DASS WIR NIE SO WEIT FALLEN KÖNNEN, DASS GOTT UNS NICHT FINDET.

Und für die unter uns, die wir schlechten Entscheidungen eines anderen ausbaden müssen, offenbart diese Geschichte Gottes Herz bösen Menschen gegenüber. Wenn der Gnädigste unter uns schon längst das Handtuch geschmissen hat, ist der Herr immer noch da und streckt Seine Hand der Barmherzigkeit und Gnade Leuten wie uns entgegen, die es nicht verdient haben.

Das bedeutet nicht, dass es okay ist, wenn Leute selbstsüchtig leben und das Leben derer um sie herum zerstören. Die Sünde an sich hat eine Art, die Seele einer Person zu zerstückeln. Wie bei dem Verlust von Batsebas erstem Kind zerstört reuelose Sünde langsam aber sicher den Sünder. (Lassen Sie mich klarstellen, dass eine Fehlgeburt oder der Verlust eines geliebten Menschen nicht heißt, dass das passiert, weil Sie gesündigt haben. Wie wir alle wissen, passieren schlimme Dinge manchmal auch richtig guten Leuten.)

Petrus' missliche Lage

Viele von uns können das Leben von einem König wie David nicht nachempfinden. Wir sind viel zu schüchtern, um uns mit einem Riesenmörder zu identifizieren, zu bescheiden, um uns mit dem Königtum in Verbindung zu bringen, oder uns fehlt einfach die Leidenschaft, die das Vermächtnis hinterlässt, das besagt, dass wir „nach dem Herzen Gottes" sind. Wir sind einfache Leute, die durch das Leben stolpern, zum falschen Zeitpunkt reden und scheinbar keine Antwort richtig hinbekommen. Es ist unsere Norm impulsiv, ungeduldig und forsch zu sein. Für uns gibt es keinen Palast, keine königlichen Festzüge oder berühmten Siege. Der Silberlöffel war ein Holzlöffel in unserer Jugend. Wir waren nie der Lieblingsschüler, die Wahl des Trainers oder auch nur der Spieler, der sich am meisten verbessert hat. Wir waren nie die Ballkönigin, gewannen nie einen Schönheitswettbewerb und bekamen keinen Grammy.

Wir sind gewöhnliche Leute. Die Welt ist voll von Leuten wie uns. Unsere Helden sind Benachteiligte und Außenseiter. Wir unterstützen die Entrechteten und die Zerrissenen.

DIE WELT IST VOLL VON LEUTEN WIE UNS.
UNSERE HELDEN SIND BENACHTEILIGTE UND
AUSSENSEITER. WIR UNTERSTÜTZEN DIE ENT-
RECHTETEN UND DIE ZERRISSENEN.

Willkommen im Leben des Petrus:

Am Anfang seiner Geschichte wird er als jemand dargestellt, der es völlig in den Sand setzt. Er verkörpert die Definition von sozial unbeholfen und geistlich gestört. Doch Jesus liebte Petrus und ertrug ihn geduldig. Er konfrontierte seine Dummheit, während Er zu seinem Schicksal sprach.

Im Gegensatz zu David war Petrus kein mutiger Krieger. Als ein kleines Mädchen ihn genau vor der Kreuzigung damit konfrontierte, dass er ein Jünger Jesu war, leugnete er, dass er Ihn überhaupt kannte. Und das war nur das erste von drei Malen, dass Petrus Jesus an diesem verräterischen Abend abstritt. Viele von uns würden das als die ultimative Sünde ansehen. Gemäß unseren Maßstäben würden wir wahrscheinlich sagen, dass Petrus seinen Glauben verloren hat und man ihm nie wieder vertrauen kann. Aber Jesus hatte andere Pläne für Petrus. Sehen Sie sich ihren Dialog an:

> *Nach dem Frühstück sagte Jesus zu Simon Petrus: „Simon, Sohn des Johannes, liebst du mich mehr als die anderen?" „Ja, Herr", erwiderte Petrus, „du weißt, dass ich dich lieb habe." „Dann weide meine Lämmer", sagte Jesus. Jesus wiederholte die Frage: „Simon, Sohn des Johannes, liebst du mich?" „Ja, Herr", antwortete Petrus, „du weißt, dass ich dich lieb habe." „Dann hüte meine Schafe", sagte Jesus. Noch einmal fragte Er ihn: „Simon, Sohn des Johannes, hast du mich lieb?" Petrus wurde traurig, weil Jesus die Frage zum dritten Mal stellte, und sagte: „Herr, du weißt alles. Du weißt, dass ich dich lieb habe." Jesus sagte: „Dann weide meine Schafe." (Johannes 21,15-17)*

Was tat Jesus in diesem Austausch? Erinnern Sie sich daran, dass Petrus Jesus dreimal verleugnet hatte. Jesus gab Petrus für jedes Mal, das er Ihn verleugnet hatte, eine Chance Buße zu tun. Er sagte auch zu Petrus: „Wirst du das schützen, was mir am wertvollsten ist? Wirst du mein Herz beschützen?"
Man könnte denken, dass Jesus sagen würde: „Petrus, du hast ein mieses Fundament. Ich kann keine gute Gemeinde mit Leitern bauen, wie du einer bist." Oder vielleicht hätte Er so etwas sagen sollen: „Du brauchst ein Sabbatjahr, eine Auszeit um sicherzustellen, dass deine Hingabe an mich rein ist." Doch stattdessen sagte Jesus: „Von nun an sollst du Petrus heißen. Auf diesen Felsen will ich meine Gemeinde bauen, und alle Mächte der Hölle können ihr nichts anhaben." (Matthäus 16,18) Er versicherte Petrus, dass er in Christi Augen angenommen war.

Paulus' schlimmer Zustand

Ein noch größeres Beispiel von Gottes überfließender Gnade ist die Geschichte des Apostel Paulus, die man in der Apostelgeschichte findet. Ohne zu sehr ins Detail zu gehen: Bevor Paulus gerettet wurde, war er eine Alptraum für die christliche Welt, der die abschlachtete, die die gute Nachricht von Jesus Christus predigten. Paulus hatte eine Begegnung mit dem Herrn, als er noch ein Mörder war. Er wurde völlig von seiner Vergangenheit freigesetzt und wurde einer der größten Apostel der Geschichte (siehe Apostelgeschichte 9). Er hat über die Hälfte des Neuen Testamentes geschrieben, und sein Leben ist ein Denkmal für die erlösende Kraft Christi.

Vollkommene Liebe treibt die Furcht aus

Okay, inzwischen haben Sie wahrscheinlich festgestellt, dass Gott nicht versucht Sie für Ihre Fehler zu bestrafen. Seine Gnade führt Sie zurück zu dem Standard der Herrlichkeit der Braut Christi. Doch damit eine Beziehung gesund sein kann, muss sie frei von der Angst vor Strafe sein. Solange Sie fürchten bestraft zu werden, wird keine Liebe in Ihren Beziehungen zu finden sein. In der Bibel steht, dass „die vollkommene Liebe alle Angst vertreibt. Wer noch Angst hat, rechnet mit Strafe, und das zeigt, dass Seine Liebe in uns noch nicht vollkommen ist." (1. Johannes 4,18) Wenn das stimmt, dann stimmt es auch, dass „vollkommene Furcht alle Liebe austreibt"!

Lassen Sie uns zurückgehen zu meiner Ausgangsfrage über meinen Freund, der abhängig von Pornografie war. Was tut jemand, der sich und seiner Familie so viel Herzschmerz zugefügt hat? Es gibt eigentlich nur eine Sache, die sie zu einer gesunden Beziehung zurückbringen kann, und das ist ein neuer Maßstab der Liebe, geschaffen durch seine echte Umkehr. Wenn Ihr Partner der Vollstrecker war und Sie Buße getan haben, ist es nicht mehr länger in Ordnung, dass Sie sich weiterhin von ihm oder ihr bestrafen lassen!

Wenn Ihr Partner der Vollstrecker war und Sie Busse getan haben, ist es nicht mehr länger in Ordnung, dass Sie sich weiterhin von ihm oder ihr bestrafen lassen!

Hier ist ein Beispiel aus meinem eigenen Leben. Ich erinnere mich an eine Zeit, in der alle unsere Kinder Teenager waren. Ich ärgerte mich vor ihnen über Kathy und behandelte sie respektlos. Am darauffolgenden Tag versammelte ich die Kinder im Wohnzimmer und bat Kathy und jedes der Kinder mir zu vergeben. Das taten sie alle, und wir gingen weiter in den Tag hinein. Etwa eine Woche später kam einer unserer Jungs in die Küche und fing an in sarkastischem Ton mit Kathy zu sprechen. Ich ging dazwischen und sagte zu ihm, dass er nicht das Recht hat, so mit seiner Mutter zu reden.

Er sagte: „Du warst doch vor kurzem selbst auch unhöflich zu Mama!"

Ich sagte: „Ja, aber du hast mir vergeben. Vergebung setzt den Maßstab zurück. Wenn du mir vergeben hast, hast du damit dein Recht weggegeben genauso zu handeln, weil deine Vergebung mich wieder auf den Ehrenplatz gesetzt hat. Ich habe Buße getan. Buße bedeutet, dass man wieder auf den Gipfel, auf die Anhöhe gestellt wird."

Er entschuldigte sich bei seiner Mutter und sie vergab ihm.

Wenn wir dieses Prinzip nicht verstehen, wird unser tiefster Punkt, unser schlimmster Fehler oder das Dümmste, was wir je getan haben, unser Bezugspunkt. Wenn Sie zum Beispiel als Teenager unmoralisch gelebt haben und später in Ihrem Leben selbst Teenager haben, haben Sie nicht das Selbstvertrauen sie in ihren schlechten sexuellen Entscheidungen zu korrigieren, weil Sie selbst auf diesem Gebiet versagt haben.

Versagen, für die wir Buße getan haben, sind nicht mehr länger der Standard, dem wir uns beugen müssen. Wenn wir Gott und diejenigen, die wir verletzt haben, um Vergebung gebeten haben, werden wir wieder auf die Anhöhe gesetzt, die Gott für uns vorgesehen hat. Ansonsten wird der schlimmste Tag unseres Lebens der höchste Punkt, an den wir andere führen können. Die Wahrheit ist: Vergebung stellt den Standard der Heiligkeit in uns und durch uns wieder her.

Herzenssache

In Psalm 32,8 heißt es: „Ich will dir den Weg zeigen, den du gehen sollst. Ich will dir raten und dich behüten." Das ist eine kraftvolle Aussage von dem mächtigsten Wesen. Haben Sie jemals darüber nachgedacht, warum Sie die Dinge tun, die Sie tun? Warum Sie dem Herrn dienen und Ihr Leben an bestimmten Maßstäben ausrichten? Ist es wegen der Rhetorik, die ihnen seit Ihrer Kindheit eingetrichtert wurde? Oder vielleicht haben die „Finale"-Bücher richtig eingeschlagen und Sie wollen nicht alleine zurückbleiben und gegen all die verrückten Zombies kämpfen.

Wenn Sie dem Herrn aus einem anderen Grund dienen und Ihm Ihr Leben hinlegen als aus Liebe, haben Sie schon das Ziel verfehlt. Jesus sagte: „Am Tag des Gerichts werden viele zu mir kommen und sagen: ‚Herr, Herr, wir haben in deinem Namen prophezeit und in deinem Namen Dämonen ausgetrieben und viele Wunder vollbracht.' Doch ich werde ihnen antworten: ‚Ich habe euch nie gekannt.'" (Matthäus 7,22-23) Warum kannte Jesus sie nicht? Der Grund ist: Sie waren zwar für Gott, aber nicht mit Gott. Es hat einmal jemand gesagt: „Die Hauptsache ist, dass die Hauptsache die Hauptsache bleibt!"

Was hat das mit der Wiederherstellung von Beziehungen zu tun? Immer wenn es in unseren vertrauten Beziehungen hauptsächlich darum geht das Richtige zu tun, anstatt darum, das richtige Herz zu haben, ist das Ergebnis eine massive Beziehungslosigkeit. Als Gott sagte, dass Er uns mit Seinen Augen leitet, meinte Er, dass wir Ihm nahe genug und vertraut genug sein müssen um das zu sehen, was Er sieht. Wir müssen uns auch genügend um Sein Herz kümmern um von Seinem Mitgefühl berührt zu werden. Falls Sie es noch nicht bemerkt haben: Gott zwingt uns nicht dazu gute Entscheidungen zu treffen. Er wird uns nicht gewaltsam in eine gute Beziehung mit Ihm bringen. Er leitet uns in eine vertrauensvolle Verbindung mit Ihm.

Mein Freund, der an der Abhängigkeit von Pornografie litt, muss den Maßstab Christi in seinem Zuhause aufrecht erhalten, was bedeutet, dass es keine Strafe mehr gibt. Er muss auch die Beziehung zu seiner Familie zu seinem Hauptfokus machen. So wie Jesus mit Petrus sprach, so muss auch seine Familie wissen, dass er ihre Herzen beschützen wird. Wenn ihre Herzen sein Handeln und seine Einstellungen nicht beeinflussen, wird ihre Beziehung zu ihm weiterhin geschädigt sein. Die Verbindung zu seiner Familie muss sein Leitbild und seine Motivation für ihre Wiederherstellung sein.

Ich spreche nicht nur zu Leuten, die es vermasselt haben, ich spreche auch zu den Leuten, die missbraucht wurden, so wie ich. Die gleichen Prinzipien gelten für uns. Wenn die Person einmal Buße getan und ihre Denkweise geändert hat, müssen Sie sich der Person annähern, um Ihre Beziehung gemeinsam zum Hauptziel zu machen. Wenn Sie es der Person nicht erlauben, den Standard ihres Lebens wiederherzustellen, und wenn Sie sie nicht mit Gottes Augen sehen, dann binden Sie sie durch Ihr Urteil an ihre Fehler der Vergangenheit. Und letztendlich fangen Sie sie beide in einer Grube der Zerstörung.

Die Grenzen neu setzen

Die Grenzen Ihres Lebens neu zu setzen bedeutet, dass Sie lernen sich selbst und andere auf eine gesundheitsfördernde Art zu lieben. Ich habe es schon oft gesagt, aber die einzige Beziehung, die funktioniert, ist eine, die keine Bestrafung beinhaltet.

Wenn Sie ein großes Durcheinander angerichtet haben, werden Sie viel Zeit damit verbringen Leuten gegenüber Buße zu tun und Ihr Chaos aufzuräumen. Ein Jahr später werden immer noch Leute zu Ihnen kommen und sagen: „Ich leide immer noch unter dem, was du mir angetan hast." Dann ist es nicht dran ihnen zu sagen: „Also ich bin eine veränderte Person, jetzt musst du einfach darüber hinwegkommen!" Es ist dran, in Ihrem Herzen an den Ort der Buße zurückzukehren, den Sie ihnen zu Beginn schon entgegengebracht haben und alles noch einmal von vorne zu machen, wenn sie das brauchen!

Ich weiß, dass das wirklich schwierig werden kann, denn oft sind es ein Partner oder ein Kind, die nicht darüber hinwegkommen können, und die Sache ständig hervorholen und sich weigern ihre Sicht Ihnen gegenüber zu verändern. Letztendlich suchen sie nicht die Wiederherstellung in der Beziehung, sondern Gerechtigkeit durch Bestrafung. In diesem Fall müssen Sie der Person sagen, dass ihre Gefühle und Verletzungen gerechtfertigt sind, doch dass der einzige Weg zur Wiederherstellung in der Beziehung der ist, dass sie Ihnen die gleiche Vergebung entgegenbringt wie Jesus Ihnen beiden. Wenn Sie Ihre Grenzen neu setzen, ist es wichtig, dass Sie nicht eine große, fette Botschaft vermitteln, dass Sie frei sind zu tun, was Sie wollen, weil Jesus Ihnen vergeben hat. Sie sollten vielmehr die Botschaft vermitteln, dass Sie wissen, dass Ihr Handeln und Ihre Entscheidungen einen Haufen Schaden angerichtet haben. Sie haben die Grundprobleme Ihres Herzens erkannt, die Sie dazu gebracht haben so zu handeln, und Sie werden sein oder ihr Herz jetzt beschützen, indem Sie Ihre Denkweise ändern!

WENN SIE IHRE GRENZEN NEU SETZEN, IST ES WICHTIG, DASS SIE NICHT EINE GROSSE, FETTE BOTSCHAFT VERMITTELN, DASS SIE FREI SIND ZU TUN, WAS SIE WOLLEN, WEIL JESUS IHNEN VERGEBEN HAT.

Wie Lone Ranger im Wilden Westen, so lassen sich alte Gewohnheiten nur schwer überwinden. Wenn Sie die Grenzen und die Maßstäbe Ihres Lebens erneuern, müssen Sie mit Ihrem Umfeld geduldig sein, weil es den Leuten schwerfällt Ihnen wieder zu vertrauen und Sie anders zu sehen.

Kommunikation ist König!

Ich arbeitete monatelang mit meinem Freund (dem Porno-Abhängigen) und half ihm, aus der Rolle des Abfalleimers für die Bestrafungen seiner Familie herauszukommen. Ich lehrte ihn, wie er mit ihnen kommunizieren konnte, damit die Art, wie sie mit ihm sprachen und ihn behandelten, nicht strafend wirkte. Ich sagte ihm auch, dass seine Familie echte Ängste und Bedürfnisse hat, derer er sich annehmen muss. Wenn seine Frau damit anfing ihn zu bestrafen, hatte er das Recht sie zu unterbrechen und zu sagen: „Ich fühle mich bestraft. Könntest du die Aussage umformulieren, sodass sie mich nicht herabsetzt, oder brauchst du etwas von mir?"

Er musste immer wieder für sich aufstehen, während er ihr Herz zur großen Priorität machte. Ohne dass er die Grenzen neu setzte, hatte er keine Möglichkeit wirklich für seine Familie zu sorgen. Seine Familie brauchte keinen zusammengebrochenen Mann. Sie brauchten einen Mann mit einem Standard; einen Mann, der sich um ihre Herzen kümmerte und der ihnen auch zeigte, dass sie wertvoll sind.

Zuerst stieß sein neugewonnener Standard auf heftigen Widerstand, weil Veränderung fast genauso beängstigend ist wie der Tod. Seine Frau war immer die Bestrafende in ihrer Beziehung gewesen, und er hatte nie Grenzen gesetzt, die ihren Missbrauch ihm gegenüber verhinderten. Mit der Zeit und durch viele Tränen hindurch lernte er sowohl auf das Herz seiner Frau zu hören als auch den Maßstab in ihrem Hause aufrechtzuerhalten, indem er solche Aussagen benutzte: „Du klingst wirklich frustriert. Kann ich dir irgendwie helfen?" Oder: „Ich versuche zu verstehen, was du mir sagst. Doch wenn du mir Verurteilungen vorsetzt, will ich mich vor dir beschützen. Kannst du mir irgendwie sagen, was du fühlst, so dass ich nicht das Gefühl habe mich verteidigen zu müssen, und dir wirklich zuhören kann?"

Manchmal, wenn seine Frau richtig frustriert war und ihre Art zu reden nicht verändern konnte, musste er versuchen im Gespräch zu bleiben indem er etwas sagte wie: „Willst du wirklich sagen, dass …?" – was immer es war, was er dachte, was sie zum Ausdruck bringen wollte. Im Grunde genommen schickte er ihr die Botschaft, dass er wirklich ihr Herz hören und anerkennen und ihre Angst abbauen wollte. Doch gleichzeitig war er nicht gewillt, den dysfunktionalen Kreislauf weiterzuführen, den sie in ihrem Leben geschaffen hatten.

Indem Sie beharrlich gute Kommunikation einüben, können Sie sich an Ihrer Angst, in Ihrer Vergangenheit gefangen zu sein, vorbei drängen, und Sie können Leuten eine Möglichkeit geben Sie so zu lieben, wie Sie jetzt sind. Ob Sie es wissen oder nicht: Sie sind derjenige, der den Menschen in Ihrem Leben beibringt, wie liebenswert Sie sind. Dadurch, wie Sie für sich selbst sorgen, und wie Sie anderen erlauben mit Ihnen umzugehen, zeigen Sie anderen, wie sie Sie behandeln sollen. Alle diese Dinge sind Ihre Verantwortung. Egal, wie falsch Sie in der Vergangenheit gelegen haben, die Vergebung Christi gibt Ihnen die Befugnis den Standard in Ihrem Leben wiederherzustellen.

Kapitel 13

DIE *Liebe erduldet viel*

Es war an einem kalten Tag im Februar, als Jason in mein Büro kam und aussah, als ob er ein Gespenst gesehen hätte. Ich (Kris) war schon aus der Bahn geworfen von dem Nervenzusammenbruch meiner ältesten Tochter, der zwei Monate vorher begann, und deshalb nicht in der Verfassung noch mehr schlechte Nachrichten zu hören. Jason plumpste auf meine Couch und ließ den Kopf hängen.

„Dad, ich glaube, meine Ehe ist vorüber", sagte er, und seine Augen füllten sich mit Tränen.

„Auf keinen Fall, mein Sohn!", protestierte ich, „Gott kann alles wieder gutmachen."

„Dad … Dad, du verstehst mich nicht. Ich glaube, Heather trifft sich mit einem anderen."

Ich konnte spüren, wie mir das Blut in den Kopf schoss, während ich gegen die Tränen kämpfte, die sich in meine Augen drängten. Meine Gedanken wirbelten durcheinander, als die Furcht meine Seele befiel.

Ich fragte mich: Was passiert mit meinen drei kleinen Enkelkindern, wenn sie sich scheiden lassen? Wie konnte eine Frau, die ich wie meine eigene Tochter liebte, meinen Sohn betrügen? Warum würde jemand, der von solch einem wunderbaren Mann geliebt wird, einen anderen wählen? Wahrscheinlich hätte ich das kommen sehen müssen, dachte ich, weil Jason mir schon seit mehreren Wochen erzählt hat, dass sich

ihre Beziehung so anfühlte, wie wenn sie in einem Trümmerhaufen lag.

Ich wusste, dass sie seit einiger Zeit einen Seelsorger trafen.
Doch es schien, dass sie immer weiter abdriftete, je mehr er
ihr nachging. Als er sprach, wurde mir an diesem Tag in meinem Büro schnell bewusst, dass Jason an einem Punkt in seinem Leben angelangt war, an dem sein Herz so gebrochen
und seine Hoffnung so unerfüllt war, dass er nichts mehr zu
geben hatte. Seine Ehe war zerbrochen, und das einzige, was
von ihrem gemeinsamen Leben noch übrig blieb, lag in Stü-
cken auf dem Boden meines Büros.

Ich hatte nie gedacht, dass es wirklich dazu kommen würde.
Nur zwei Monate zuvor war Heather mit mir in Holland
vor ein paar tausend Leuten auf der Bühne gestanden und
hat ihnen kraftvoll gedient. Ich fragte mich: Wie konnte sie
eine Affäre haben, und immer noch so mächtig von Gott
gebraucht werden? Fragen überfluteten meinen Kopf, während ich versuchte, meinen Sohn mit seinem gebrochenen
Herzen zu trösten.

Ich kniete mich vor ihn hin und warf meine Arme um ihn.
Es gab keine Worte; nichts, was ich sagen konnte, das den
Schmerz linderte. Ich hielt ihn einfach lange fest und versicherte ihm, dass wir gemeinsam als Familie da durchgehen
würden.

ICH KNIETE MICH VOR IHN HIN UND WARF
MEINE ARME UM IHN. ES GAB KEINE WORTE;
NICHTS, WAS ICH SAGEN KONNTE, DAS DEN
SCHMERZ LINDERTE.

Die darauffolgenden Tage waren unglaublich schwierig für
uns. Obwohl ich eine schreckliche Kindheit gehabt hatte
(mein Vater ertrank, als ich drei Jahre alt war, und ich hatte

zwei Stiefväter, die mich schlimm missbraucht haben), habe ich noch nie einen solchen Schmerz empfunden. Selbst jetzt können Worte nicht die Tiefe meines Kummers vermitteln, den ich empfand, als die Fakten in den nächsten paar Monaten offengelegt wurden.

Nachts krochen Kathy und ich erschöpft ins Bett, tiefbetrübt und überwältigt von der Anstrengung, Kraft in Gott und den Leuten um uns herum zu finden. Ich streckte mich in die Tiefe meiner Seele aus um Kraft für meine Familie zu finden, doch mein Herz war pleite und unfähig, irgendjemanden zu ermutigen, geschweige denn mich selbst. Meistens lagen wir bis tief in die Nacht wach. Die Tränen tropften von unseren Kopfkissen neben uns auf die Matratzen. Der Schmerz schien mit jedem Tag, der verging, zuzunehmen. Es war wie ein Alptraum, aus dem wir nicht aufwachen konnten.

An dem Tag, als sie auszog, rief mich Jason an und fragte, ob er die Kinder zu uns bringen konnte, sodass wir ihnen gemeinsam sagen konnten, dass ihre Mama und ihr Papa sich scheiden ließen. „Natürlich!", antwortete ich. „Bring sie her und wir sprechen gemeinsam mit ihnen!" Ich wollte meine Enkelkinder trösten und meinem Sohn helfen, doch ich hatte eine Rückblende auf meine eigenen Gespräche mit meiner Mutter, die dreimal verheiratet gewesen war. Zwanzig Minuten später standen sie vor unserer Türe. Mein Herz rutschte tiefer, als ich vorausahnte, wie sie die Neuigkeiten aufnehmen würden.

Wir setzten uns alle in einem Kreis an die Feuerstelle und Jason eröffnete den Kindern nervös die Neuigkeit. Elijah, der damals acht war, stand auf, rannte zu mir und schmiss sich in meine Arme. Unter unkontrolliertem Heulen schrie er: „Ich will nicht mehr leben! Ich will nicht mehr leben!" Rilie, die sechs Jahre alt war, vergrub ihren Kopf in meine Schulter und weinte leise. Ihre Tränen tränkten mein Hemd, während ich nach Worten suchte sie zu trösten. Evan war gerade einmal vier; er war zwar traurig, doch er verstand nicht richtig die Auswirkungen des Wortes „Scheidung". Es war ein Abend in der Hölle; eine Zeit, die ich Zeit meines Lebens nicht vergessen werde.

Die schwarze Wolke der Depression schwebte über unserer Familie, als aus Tagen Wochen wurden. Es schien, wie wenn uns hinter jeder Straßenecke noch mehr Schmerz und Kummer erwartete. Ende Juli erfuhren wir, dass der Typ, mit dem Heather eine Affäre hatte, seine eigene Frau und sein Kind verlassen hatte um bei Heather einzuziehen. Und kurz danach fanden wir heraus, dass sie von ihm ein Kind erwartete. Der Dolch des Schmerzes wurde langsam tiefer in unsere Herzen gestoßen, während der Alptraum sich immer noch weiter entwickelte.

Es dauerte nicht lange, bis sich das kalte Wetter der Realität auf den achtjährigen Elijah niederschlug und er ärgerlich und verwirrt war. Wer könnte ihm etwas vorwerfen? Er sah, wie seine Mutter im völligen Gegensatz zu allem lebte, was ihm beigebracht wurde. In seinen Bemühungen, etwas Frieden in seine innere Welt zu bringen, konfrontierte er Heather und ihren Freund und sagte ihnen beiden, dass er ihre Schlafregelungen nicht guthieß. Doch seine Worte stießen auf taube Ohren und er wurde von dem Tag an noch bekümmerter.

Dann fuhren Elijah und ich eines Tages die Straße entlang. Er war ungewöhnlich still und schien besorgt. Als ein paar Minuten vergangen waren, drehte er sich herum, schaute mir direkt in die Augen und fragte: „Opa … Opa, liebst du meine Mama?" Tränen stiegen ihm in die Augen, als er tief in meine Seele blickte.

Ich wusste, was er eigentlich sagte. Er fragte nicht, ob ich seine

Mutter liebte, sondern ob er jemanden lieben konnte, mit dem er so furchtbar uneins war. Die Zeit stand still und ich versuchte, für uns beide die richtige Antwort zu finden. Ich kannte die biblische Antwort. Die Bibelstellen über Vergebung marschierten durch meinen Kopf wie erbarmungslose Soldaten auf dem Schlachtfeld der Wahrheit. Doch dies war keine Bibelstunde oder irgendeine philosophische Diskussion. Das war mein Enkelsohn, der versuchte sich aus seinem Gefängnis der Bitterkeit heraus zu kämpfen, damit er seine Geschwister trösten und seine Mutter annehmen konnte.

Schließlich sagte ich mit bebenden Lippen: „Elijah, was für Leute wären wir, wenn wir nur solche liebten, mit denen wir übereinstimmen? Natürlich liebe ich deine Mutter. Ich bin der einzige Vater, den sie jemals gehabt hat. Ich werde sie immer lieben; egal, wie schlecht sie sich verhält."

Elijah platzte heraus: „Ich liebe sie auch, Opa! Ich liebe sie auch!"

Es war, wie wenn jemand eine Flasche Sekt geöffnet hätte. Sein Gesichtsausdruck hellte sich plötzlich auf und seine Augen funkelten wieder von quirliger Lebendigkeit. Es war in Ordnung für ihn, jemanden zu lieben, der so viel Schaden in seinem Leben und in den Leben derer angerichtet hatte, die ihm am nächsten standen. Er war frei von dem Zwang sie verändern zu müssen um sie wirklich lieben zu können. Er hatte die Erlaubnis, seine Zuneigung der Person gegenüber zu zeigen, die ihn verraten hatte. Er konnte wieder leben; und das wusste er.

Meine Enkelkinder besuchten die christliche Schule, die auf unserem Gemeindegelände lag. Heather holte die Kinder ein paar Mal die Woche von der Schule ab um ihr Besuchsrecht in Anspruch zu nehmen. Ich sah oft, wie sie in ihrem Auto neben meinem Büro darauf wartete, dass die Kinder aus der

Klasse kamen. Ich tat so, als hätte ich nicht bemerkt, dass sie da draußen sitzt, und ich achtete darauf, dass sich unsere Blicke nicht trafen. Zorn, Verrat, Hass und Verwirrung erfüllten meine Seele, wenn ich mit ihrer Gegenwart konfrontiert wurde.

Wegen ihr hatte ich drei kräftezehrende Monate auf der Couch verbracht, von Depression und Angst überwältigt. Sie hatte meine Familie zerstört, und ehrlich gesagt hasste ich sie dafür. Ich wollte mich nicht mit ihr versöhnen … Ich wollte, dass sie für ihre Sünden bezahlte … Ich wünschte ihr jeden Tag den Untergang. Natürlich achtete ich darauf, das ergreifende Monster nicht aus dem Keller meiner Seele zu lassen. Ich sagte die richtigen Dinge – und bei Nacht fütterte ich das zornige Monster in dem von Ratten heimgesuchten Keller meines Herzens. Ich wollte nicht, dass irgendjemand wusste, wie vergiftet meine Gefühle waren.

Dann geschah es. Ich stand auf dem Parkplatz und redete mit jemandem, als sie direkt vor mich hin fuhr. Ich bin mir sicher, dass sie mich nicht gesehen hat, bis es zu spät war. Ich schaute hin zu dem Auto, das ungefähr 30 Meter von mir entfernt zum Stehen gekommen war. Unsere Blicke trafen sich und gemischte Gefühle durchfluteten mein Herz. Mitgefühl und Hass bekämpften beide meine Seele. Ich stand wie eingefroren in der Mitte des Parkplatzes. Ich wollte wegrennen, doch meine Beine gehorchten meinen Gefühlen nicht.

Wir starrten einander eine gefühlte Ewigkeit lang an. Plötzlich öffnete sich die Autotüre. Heather stieg aus dem Auto aus und stand hinter der Fahrertür. Es vergingen einige Sekunden. Dann kam sie auf mich zugelaufen. Mein Herz pochte in meiner Brust als nie näher kam. Alles passierte zu schnell als dass ich meine Gedanken hätte sammeln können. Ehe ich mich bewegen konnte, warf sie sich in meine Arme und vergrub ihr Gesicht in meiner Brust. Ihre Tränen rannen an meinem Hemd herunter, als sie unkontrolliert weinte. Ich fühlte mich, wie wenn ich entzwei gerissen würde. Mein Kopf hasste sie, doch mein Herz liebte sie. Mein Kopf wollte sie wegstoßen und bestrafen, doch mein Herz sehnte sich danach sie zu umarmen und ihr zu vergeben.

„Bitte, oh bitte vergib mir!", jammerte sie. „Ich habe meine Familie zerstört. Ich habe mein Leben ruiniert. Ich habe Jasons Leben vermasselt und ich habe die Herzen meiner Kinder gebrochen. Ich habe dich und Mom betrogen. Kannst du mir jemals vergeben?"

„BITTE, OH BITTE VERGIB MIR!", JAMMERTE SIE. „ICH HABE MEINE FAMILIE ZERSTÖRT. ICH HABE MEIN LEBEN RUINIERT. ICH HABE JASONS LEBEN VERMASSELT UND ICH HABE DIE HERZEN MEINER KINDER GEBROCHEN. ICH HABE DICH UND MOM BETROGEN. KANNST DU MIR JEMALS VERGEBEN?"

Nur einen Monat zuvor hatte ich Elijah dabei geholfen, seine Bitterkeit gegenüber Heather zu bearbeiten, indem ich ihn an die Worte Jesu erinnerte: „Glaubt ihr, ihr hättet dafür Anerkennung verdient, dass ihr die liebt, die euch auch lieben? Das tun sogar die Sünder!" (Lukas 6,32) Es erschien mir so viel klarer, als ich Elijah lehrte, wie er seine Mutter lieben konnte. Aber jetzt war ich derjenige, der vergeben und lieben musste. Ich hatte noch nie zu den Leuten gehört, die ihre Gefühle verstecken oder so tun konnten, wie wenn alles in Ordnung wäre, wenn es nicht so war. Ich wusste: Was auch immer an diesem Tag auf dem Parkplatz passieren würde, ich müsste damit den Rest meines Lebens leben. Ich hatte oft über die Gnade Gottes gepredigt, die unsere Sünden vergibt, unsere

Seelen erneuert und unsere Herzen heilt, selbst wenn wir es nicht verdient haben. Ich dachte darüber nach, wie es sich für Jesus angefühlt haben musste, von genau den Leuten verraten zu werden, die Er gespeist, geheilt und befreit hat. Es muss sich niederschmetternd angefühlt haben, vom Kreuz herab zu blicken und zu sehen, wie die Leute, die Er so sehr liebte, riefen: „Kreuzigt Ihn! Kreuzigt Ihn!" Seine Worte dröhnten in meinem Kopf: „Vater, vergib diesen Menschen, denn sie wissen nicht, was sie tun." (Lukas 23,34)

Ich wusste, dass ich mein Recht sie zu bestrafen aufgeben würde, wenn ich einmal sagte: „Heather, ich vergebe dir!" Das bedeutet, dass sie dann glücklich bis an ihr Lebensende leben konnte, obwohl sie meine Familie zerstört, meine Enkelkinder traumatisiert und meinen Sohn betrogen hat. Ganz zu schweigen von der Tatsache, dass die Frau des Mannes, auf den sie sich eingelassen hatte, zu diesem Zeitpunkt mit dem ersten Kind schwanger war. Sie hatte dazu beigetragen, auch diese Familie zu zerstören. Es gab noch ein anderes kleines Kind, das keinen Vater hatte, weil Heather selbstsüchtig gelebt und ihn weggelockt hatte.

Ich argumentierte: Heather verdient es nicht, dass man ihr vergibt, sondern dass man sie bestraft! Doch verdiente ich es nicht auch bestraft zu werden? Wurde mir nicht vergeben, als ich noch ein Sünder war?

Die Bibelstellen wurden wie Soldaten, und mein Herz wurde zum Schlachtfeld. Das, was ich so frei und redegewandt von der Kanzel gepredigt hatte, kämpfte nun gegen die Befestigungen meiner eigenen Seele an. Ehrlich gesagt war ich nicht sicher, welcher Seite ich den Sieg wünschte. Wollte ich, dass die Vergebung gewinnt und Heather mit der Erlaubnis davonkommt, ein glückliches Leben zu führen? Oder wollte ich, dass Gerechtigkeit herrscht und Heather für den Rest ihrer Tage in dem Gefängnis ihrer eigenen Entscheidungen weggesperrt wurde? Das Prinzip der Vergebung, das mir jahrelang so klar erschien, wurde jetzt von meinen Umständen, meinen Emotionen und meinem Bedürfnis nach Gerechtigkeit bedeckt.

Wie würde ich mich fühlen, wenn ich Heather und ihren Freund zusammen lachen und spielen sah, während mein Sohn über den Verlust seiner Frau trauerte? Wenn ich Heather vergab, würde das so ankommen, wie wenn ich meinem eigenen Sohn gegenüber illoyal bin? Wenn ich Heather Liebe entgegenbrachte, würde sie dann irgendwie auf die Idee kommen, dass es nicht so schlimm war, was sie getan hatte? Diese Fragen gingen wie Handgranaten in meinem Herzen los. In Wahrheit hatte ich mir diesen Tag in den vorangegangenen Monaten mehrmals vorgestellt. Mein Herz wurde jedes Mal mit Angst erfüllt, wenn ich mich in dieser Situation mit Heather sah.

Schließlich geschah etwas Kraftvolles in mir. Ich wurde plötzlich mit Mitleid für Heather erfüllt. Es schien wie aus dem Nichts zu kommen. Eine Minute zuvor hatte ich sie gehasst, doch jetzt tat es mir weh und ich trauerte um sie. Ich konnte ihren Schmerz spüren, und ich verstand das Gefühl, dass sie völlig überwältigt von dem Durcheinander war, das sie angerichtet hatte.

Ich stellte mir vor, wie sie sich selbst aus dieser tiefen, schlammigen Grube ausgraben wollte. Ihre Finger bluteten, ihr Gesicht war von Dreck bedeckt, und ihr Haar war von Schweiß verfilzt. Sie streckte ihre Hand nach Hilfe aus. Ich stand fassungslos da bei dem Anblick dieser hübschen Frau, die so in ihrer eigenen Zerrissenheit gefangen war. Ich streckte meine Hand aus und ergriff ihre. Blut und Matsch bedeckten mich als ich versuchte, sie aus der Grube zu ziehen. Doch am meisten überraschte mich ihr Gesichtsausdruck, als sie sah, dass ich meine Hand ausstreckte um ihr zu helfen. Hoffnung erfüllte ihre Augen, wie wenn sie sagen wollte: „Danke, dass du deine Seele beschmutzt um mein Leben zu retten!"

Die Vision endete, und ich wusste, was ich zu tun hatte. Ich schlang meine Arme um Heather und flüsterte ihr ins Ohr: „Ich vergebe dir! Ich vergebe dir, Heather. Ich liebe dich, wie ich meine eigenen Töchter liebe." Ihr Weinen wurde intensiver, während ich sie festhielt und freundlich zu ihr sprach. Sie wiederholte immer wieder: „Es tut mir so leid! Es tut mir so leid!"

„Es wird wieder in Ordnung kommen", sagte ich zu ihr, und Glaube erfüllte mein Herz. „Wir werden das gemeinsam durchstehen." Ich strich ihr über die Haare um sie zu trösten. Wir wussten beide, dass ihre Ehe zu Ende war. Doch das Leben ging weiter, und Kathy und ich würden für den Rest unseres Lebens für sie da sein.

Während der nächsten paar Monate besuchten wir Heather oft. Langsam aber sicher versöhnten wir unsere Beziehung, und Gott stellte unsere Liebe zu Heather wieder her.

Am 25. August erhielten wir einen Anruf von Heather, dass sie Wehen hatte und schnell ins Krankenhaus gebracht wurde. Wir waren in Australien und konnten erst am nächsten Tag nach Hause kommen.

Nachdem unser Flugzeug gelandet war, fuhren wir direkt ins Krankenhaus. Der kleine Jackson war am Tag zuvor geboren worden. Er war so süß mit seinen winzigen Händen und Füßen. Doch der kleine Jackson brachte eine neue Krise in meiner Seele zutage. Zuerst verstand ich die Gefühle, die ich ihm gegenüber hatte, nicht. Es ergab für mich wirklich überhaupt keinen Sinn.

Dann fuhren Elijah und ich eines Tages wieder zusammen im

Auto. Elijah, der normalerweise sehr gesprächig ist, war ungewöhnlich still. Die Stimmung im Auto war angespannt. Ich
versuchte ein Gespräch zwischen uns in Gang zu bringen,
aber er antwortete mir nur mit Ein-Wort-Sätzen auf meine
Fragen und sah dabei nach unten. Es wurde immer offen-
sichtlicher, dass er ernsthaft betrübt war.

Ich fragte mich, ob er sich mir gegenüber öffnen und mit
mir sprechen würde. Wir fuhren einige Minuten lang in Stille.
Schließlich sah Elijah mit Tränen in den Augen zu mir hoch
und fragte: „Opa, magst du Jackson?" Noch bevor ich ihm
antworten konnte, fragte er mich erneut (dieses Mal mit mehr
Intensität): „Opa, magst du den kleinen Jackson?"

Plötzlich verstand ich, was er mich fragte. Indem ich über die
richtige Antwort nachdachte, bekam ich eine Offenbarung
über meinen eigenen Kampf. Eigentlich fragte Elijah: „Kann
ich das Kind lieben, das das Resultat einer Beziehung ist,
die meine Familie zerstört hat?" Bis zu diesem Tag im Auto
konnte ich meine Gefühle nicht benennen, die ich Jackson
gegenüber hatte. Doch als Elijah mich fragte, ob ich Jackson mochte, ertappte ich mich dabei, wie ich sagen wollte:
„Nein!"

Das war nicht rational, oder eine Haltung, die ich bewusst
kultiviert hatte. Ich wusste in meinem Kopf, dass Jackson
genauso ein Opfer seiner Umstände war wie wir alle. Er hatte
nicht darum gebeten unehelich geboren zu werden. Und es
war ganz sicher nicht sein Wunsch, das Ergebnis einer unmo-
ralischen Beziehung zu sein, die zwei Familien zerstörte. Ich
bewundere Heather sogar dafür, dass sie dieses Kind nicht
abgetrieben und noch eine Tragödie geschaffen hat.

Und doch hatte Elijah ein Geheimnis in unserer beider Herzen gelüftet. Aus irgendeinem seltsamen Grund wollten wir
den kleinen Jackson für die Trauer verantwortlich machen,

die wir beide spürten. Das war falsch, und ich wusste es. Diese unangebrachte Haltung würde jetzt und hier abgefertigt werden.

UND DOCH HATTE ELIJAH EIN GEHEIMNIS IN UNSERER BEIDER HERZEN GELÜFTET. AUS IRGENDEINEM SELTSAMEN GRUND WOLLTEN WIR DEN KLEINEN JACKSON FÜR DIE TRAUER VERANTWORTLICH MACHEN,

---

Ich sammelte mich schnell und sagte: „Elijah, jedes Kind ist ein Geschenk von Gott, egal, wie die Umstände seiner Geburt waren. Ich liebe Jackson!"

„Opa, ich liebe Jackson auch!", sagte er, und die Tränen liefen ihm jetzt an seinem Gesicht herunter. „Ich liebe ihn auch. Er ist so süß!", sagte er noch einmal, um es zu betonen.

Jackson wurde unser achtes Enkelkind. Vor einer Weile versammelte sich unsere ganze Familie (inklusive Jason, Kathy und mir) an seinem ersten Geburtstag bei Heather zu Hause. Als Jason Jackson hochhob und ihn küsste und liebkoste, wusste ich, dass wir eine besondere Stelle im Herzen Gottes angezapft hatten. Ich hatte das tiefe Empfinden, dass Gott aus der Tragödie Triumph und aus diesem großen Durcheinander eine großartige Botschaft hervorbrachte: Wir sind der lebende Beweis dafür, dass Gott ALLE tröstet, die traurig sind.

Es ist über drei Jahre her seit diesem schrecklichen Tag, an dem Jason in mein Büro kam und mir sagte, dass seine Ehe zu Ende war. Es gab viele dunkle Tage, an denen ich mich fragte, ob ich weitermachen konnte oder nicht. Ich lag viele Nächte wach mit quälenden Visionen über die Situation meiner Familie. Ich schäme mich zuzugeben, dass ich oft Gottes Fähigkeit angezweifelt habe, unsere Familie zu erlösen. Und ich stellte die Güte Seiner Person in Frage. Manchmal machte ich mir selbst Vorwürfe, kein besserer Vater gewesen zu sein und Jason überhaupt dazu ermutigt zu haben Heather zu heiraten.

Diese dunklen Tage sind vorüber. Ich wünschte, ich könnte Ihnen sagen, dass diese Geschichte wie ein wunderbares Märchen endet, in dem Jason und Heather bis an ihr Lebensende glücklich mit ihrer Familie zusammen leben. Doch das wahre Leben ist manchmal komplizierter. Und doch hat Gott Wege, schöne Paläste aus unseren schmerzvollen Fallgruben zu machen.

Jetzt hat unsere ganze Familie eine großartige Beziehung zu Heather, Jackson und sogar zu ihrem Freund. Wir sind ziemlich oft zusammen und kultivieren aufrichtige Liebe zueinander.

Alle drei Kinder haben sich sehr gut damit zurechtgefunden, und es geht ihnen gut. Wenn Sie dieses Buch lesen, wird Jason mit einer hübschen jungen Frau namens Lauren verheiratet sein, die wir zutiefst lieben und bewundern. Die Kinder freuen sich, Lauren in ihrem Leben zu haben und haben eine sehr gute Beziehung mit ihr aufgebaut. Heather hat die Kinder dazu ermutigt, eine gute Beziehung mit Lauren zu haben, was wirklich dabei geholfen hat, dass die Kinder sich nicht zwischen zwei Menschen, die sie wirklich lieben, hin- und hergerissen fühlen.

Die Liebe erträgt viel

Inmitten der dunkelsten Zeit meines Lebens ging ich zu einem professionellen Seelsorger, der ein Freund von mir ist. Natürlich war die erste Frage, die er mir stellte: „Warum bist du zu mir gekommen?" Ich erzählte ihm die Geschichte von Jason und Heather und erklärte ihm, wie entmutigt und deprimiert ich über ihre Situation war.

Er fragte mich nochmal: „Und warum bist du zu mir gekommen?"

„Habe ich dir doch gesagt", erwiderte ich. „Ich bin entmutigt und deprimiert."

Er machte weiter und stellte mir dieselbe Frage noch einmal. Schließlich fragte ich ihn in einem ziemlich frustrierten Ton: „Worauf willst du hinaus?"

Er antwortete: „Nun, in der Bibel steht, dass die Liebe viel erträgt. Du leidest, weil Leute, die du liebst, leiden. Jesus sagte, dass wir mit denen trauern sollen, die trauern. Du trauerst, weil deine Familie leidet. Du reagierst so, wie Jesus uns gelehrt hat. Wenn das vorbei ist, wirst du dich mit denen freuen können, die jubeln. Bis dahin vertraue Gott mit deiner Familie. Und du sollst wissen, dass diese Zeit zum richtigen Zeitpunkt enden wird."

In einer Mitarbeiterbesprechung vor ein paar Monaten rief Bill Johnson Jason (der einer unserer Pastoren ist) nach vorne. Jason gab seine Verlobung mit Lauren bekannt. Bill nahm das Mikrofon und sagte: „Wir haben mit denen getrauert, die getrauert haben; jetzt freuen wir uns mit denen, die sich freuen!"

An diesem Tag waren ungefähr 200 unserer Mitarbeiter anwesend. Sie standen auf und riefen, jubelten und weinten vor Freude. In der Bibel heißt es: „Die Nacht ist noch voll Weinen, doch mit dem Morgen kommt die Freude." (Psalm 30,6)

Die Hoffnung am Leben halten

Es ist manchmal leicht zu denken, dass Gott bestimmte Leute bevorzugt, oder dass die Situation, in der wir uns befinden, irgendwie außerhalb von Gottes Fähigkeit liegt uns zu befreien (besonders in der dunkelsten Nacht). Ich kenne diese

Gefühle allzu gut. Doch die Wahrheit ist: Keine Situation ist unmöglich für Gott!

Einer meiner Helden ist Abraham Lincoln. Er war ein Vater unserer Nation und ein Meister des Durchhaltevermögens und der Hoffnung. Wir kennen ihn als einen der beliebtesten Präsidenten der amerikanischen Geschichte. Und doch ist Abraham Lincolns Liste von Problemen und Versagen das beeindruckendste Zeichen des Lichts und der Hoffnung in der Welt. Die Liste sieht so aus:

1818: Seine Mutter stirbt, als er neun Jahre alt ist.

1831: Sein Unternehmen scheitert.

1832: Er verliert das Angebot für einen kleineren Posten in der Legislative.

1833: Er geht wieder ins Geschäft. Der Wettbewerb durch eine größere Firma zwingt ihn wieder dazu, das Unternehmen niederzulegen.

1833: Seine Besitztümer werden beschlagnahmt, als er seine Schulden nicht abbezahlen kann.

1835: Seine Frau in spe stirbt.

1843: Er wird von seiner Partei nicht für den Kongress nominiert.

1853: Sein Sohn stirbt.

1854: Ihm fehlen sechs Stimmen um sich einen offenen Sitz im Senat zu sichern.

1860: Er wird zum Präsidenten der Vereinigten Staaten von Amerika gewählt (und nochmal im Jahr 1864).

Das ist jemand, der wusste, wie man wieder aufsteht, wenn man platt gemacht wurde. Wow!

Vor tausenden von Jahren verfasste Salomo diese Worte: „Wenn keine Vision da ist, verwildert ein Volk." (Sprüche 29,18, übersetzt aus dem Englischen) Abraham Lincoln hing inmitten der tiefsten Nacht seiner Seele an seiner Vision. Es liegt so viel Wahrheit in diesen einfachen Worten. Eine Vision hält die Hoffnung in uns am Leben. Hoffnungslosigkeit ist ein Serienmörder. Ohne Hoffnung haben wir keinen Glauben; und ohne Glauben ist die Erde ein elender Ort zum Leben. Gott ist der Meister von Such- und Rettungsaktionen. Wenn alles in unserem Leben trostlos aussieht, müssen wir nur über unsere Schulter schauen, und wir werden Ihn finden. Als Daniel in die Löwengrube geworfen wurde und alles in seinem Leben dunkel und hoffnungslos aussah, rettete Gott ihn. Als Schadrach, Meschach und Abed-Nego in den feurigen Ofen geworfen wurden, befreite Jesus sie. Als Gott einen Mann fand, der so in Lügen gebunden war, dass er Christen ermordete, begegnete Er ihm auf der Straße nach Damaskus und änderte seinen Namen von Saulus zu Paulus. Er machte ihn zu einem der größten Männer Gottes, die je diesen Planeten geziert haben.

Die Geschichten von Gottes wunderbarer Fähigkeit, Menschen zu verändern, gehen immer weiter. Da gab es den dämonisierten Mann bei den Gerasenern; oder Lazarus, der drei Tage tot gewesen war. Und dann war da Maria Magdalena, die Prostituierte. Josef, der in die Sklaverei verkauft wurde und dann ein Prinz wurde. Und David, der einen Riesen mit einem Stein getötet hat.

Sie können kein Kartenblatt auf der Hand haben, mit dem Gott nicht gewinnen kann. Was auch immer in Ihrem Leben passiert, erinnern Sie sich daran: Jesus ist ein Meister darin, Fallgruben zu Palästen zu machen. Es ist nie zu spät dafür, dass Er eine Situation noch retten könnte. Es spielt keine Rolle, wie weit Sie gefallen sind oder was für einen Trümmerhaufen Sie aus Ihrem Leben gemacht haben; Er kann „unendlich viel mehr tun, als wir je bitten oder auch nur hoffen würden." (Epheser 3,20)

Gott hat sich auf das Unmögliche spezialisiert. Und egal, wie Sie sich fühlen: Er ist für Sie!

Danksagungen

Es gibt viele Dinge, die viel größer sind als ich alleine. Es gibt jedoch nur wenige Dinge, die wir als Familie nicht überwinden können.

Durch die Rute, und gleichermaßen durch die Zuwendung derer, die ich am meisten bewundere, bin ich zu dem geworden, der ich bin – und dafür bin ich ewig dankbar. Es heißt: Man braucht ein Dorf um ein Kind zu einem Mann zu erziehen. Und ich würde hinzufügen, dass es den Mut anderer braucht um seine Träume erfüllen zu können. Ohne die Weisheit und den Mut meines Vaters und meiner Mutter wäre nicht nur dieses Buch immer noch ein Traum, sondern das Leben, wie ich es kenne, würde auch aufhören zu existieren. Ihr wart der Leuchtturm in meiner stürmischen See, habt eure Hoffnung in dunkelster Nacht leuchten lassen und mich daran erinnert, dass „auch das vorübergehen wird". Ihr habt mir Wegweisung gegeben um einen beständigen Kurs einzuschlagen. Ich glaube, dass ein Mann ohne die gleichgesinnte Zuwendung von Freunden sehr einseitig ist. Genauso, wie es Eisen braucht um Eisen zu schärfen, entstehen Reibung und Behaglichkeit, wenn man Beziehungen führt, die einem oft die Wahrheit über einen selbst zeigen. Ohne die Schleifscheibe würde das Messer nie scharf werden. Und ohne einander wäre bedingungslose Liebe für die Menschheit bloße Theorie. Doch durch meine engsten Beziehungen sind meine rauen Kanten weich und scharf geworden. Und aufgrund von ein paar Männern bin ich in der Verantwortung geblieben, der zu sein, zu dem Gott mich geschaffen hat, in dem Wissen, dass ich immer geliebt bin. Jerome E., Jeremy R., Mark P., Danny S., Jeff N., Keith A., Cameron R. und Marty P., und die Jungs, mit denen ich mein Zuhause geteilt habe: „Danke" fühlt sich wie ein leeres Wort an, wenn ich es damit vergleiche, was ihr für mich geopfert habt. Wegen euch Männern weiß ich, dass ich immer einen sicheren Ort habe, um meine Gefühle zu verarbeiten, oder in eurer Gegenwart so wild zu sein, wie mein Herz begehrt. Danke!

Lauren, es gibt auf dieser Seite nicht genügend Platz für all die Worte, die ich dir gern sagen will. Du bist wirklich eine Rose unter Dornen; ein Edelstein unter einem Meer von Steinen. Deine Ermutigungen und dein Glaube an mich haben mir alles bedeutet. Ich hätte mir keine großartigere Frau ausdenken können um mein Leben zu teilen – du bist mehr als ich mir jemals vorgestellt habe. Ich kann es nicht erwarten zu sehen, was die Kraft zustande bringt, wenn zwei eins werden. Ich liebe dich!

Jason

Über den Autor

Kris Vallotton ist der Autor mehrerer Bücher und ein vielgefragter Sprecher auf internationalen Konferenzen. Kris hat eine Leidenschaft dafür, zu sehen, wie die Leben von Menschen verwandelt werden und ein Katalysator für einen Wandel in der Welt zu sein.

1998 hat Kris Vallotton die Bethel School of Supernatural Ministry in Redding, Kalifornien mitgegründet, die zu mehr als 1200 Vollzeit-Studenten angewachsen ist. Kris ist der CoPastor? in Bethel Church und ist seit 32 Jahren ein Teil von Bill Johnsons apostolischem Team.

Kris ist auch der Gründer und Vorstand von Moral Revolution, einer Organisation, die sich einer weltweiten sexuellen Erneuerung widmet.

Kris und seine Frau Kathy sind seit über 35 Jahren glücklich verheiratet. Sie haben vier Kinder und acht Enkelkinder.

Für mehr Informationen besuchen Sie bitte:
www.kvministries.com

Sie finden Kris Vallotton auch auf:
www.moralrevolution.com
www.facebook.com/kvministries
www.ibethel.org

Über den Autor

Jason Vallotton

Jason Vallotton wurde in Weaverville in Kalifornien geboren; einer Kleinstadt, die für ihre bergige Aussicht und ihr entspanntes Lebenstempo bekannt ist. Er legte einen Schnellstart hin, indem er im Alter von 18 Jahren seine Highschool-Liebe heiratete und mit 24 Vater von drei Kindern war (Elijah, Rilie und Evan).

Jasons Leben wurde von Herausforderungen geschüttelt, angefangen davon, dass er eine junge Familie versorgte und Feuer in den Hügeln im Norden Kaliforniens bekämpfte, bis hin dazu, dass er den Schmerz überwand, als sich seine Ehe im Jahr 2008 auflöste. Er wurde ein Zeugnis für die erlösende Kraft von Durchhaltevermögen und bedingungsloser Liebe.

Jasons Liebe für Menschen und sein Drang zu sehen, wie sie völlig heil werden, hat ihn nach Redding, Kalifornien geführt, wo er hilft eine Bibelschule zu betreuen, sowie eine Gruppe für Männer, die mit sexueller Unreinheit kämpfen.

Nachdem er sich durch die Schwierigkeiten des Lebens gekämpft hat und auf der anderen Seite angelangt ist, schlägt Jasons Herz dafür, dass Menschen wieder die völlige Heilung und Freiheit erlangen, die Gott für sie vorgesehen hat.

Für mehr Informationen besuchen Sie bitte:
www.moralrevolution.com
www.ibethel.org

Grain
Neuveröffentlichungen 2012/ 2013 **PRESS**
Verlag

Mehr Informationen unter: www.grain-press.de

Grain

Neuveröffentlichungen 2012/ 2013 **PRESS**

Verlag

Mehr Informationen unter: www.grain-press.de